TV 출연을 위한
이미지 메이킹

TV 출연을 위한
이미지 메이킹

이미영 지음

서울출판미디어

국립중앙도서관 출판시도서목록(CIP)

TV 출연을 위한 이미지 메이킹 / 이미영 지음. -- 서울 :
서울출판미디어, 2004
    p. ;   cm

ISBN 89-7308-128-4 03070

326.76-KDC4
384.55-DDC21　　　　　　　　　　　　　　　CIP2004000244

책 머리에

흔히 말하는 요즘의 다매체 다채널 커뮤니케이션 시대에 방송의 문턱은 더 이상 높지 않다. 전문방송인이나 연예인이 아닌 일반인의 방송출연이 흔한 일이 되었다. 텔레비전 토크쇼의 경우 방송 프로그램의 수가 많지 않던 시절에는 인기 연예인들이나 사회 각계각층의 저명인사들이 출연섭외의 주요 대상이었다. 그러나 이제는 소잿거리만 있으면 유명하지 않은 보통 사람들이 주인공이 되어 60분짜리 프로그램을 꾸미는 상황이 되기에 이르렀다. 이를 가능하게 한 것은 기존의 지상파 텔레비전 외에 케이블, 위성방송, 인터넷 방송 등 미디어 신기술의 발전에 따라 채널이 그만큼 많이 늘었기 때문이다. 따라서 이제는 누구나 방송출연자가 될 수 있는 잠재성을 가지고 있는 셈이다.

방송 카메라와 마이크에 많이 익숙해진 때문인지 요즘은 길거리에서 갑자기 카메라와 맞닥뜨려도 기겁을 하고 놀라거나 부끄러워 얼굴을 가리고 도망가는 사람들(camera shy)이 별로 없는 것 같다. 방송체질, 무대체질이라는 말처럼 확실히 사람들 중에는 방송분위기에 주눅들거나 긴장하지 않고 천연덕스럽게 대처하는 사람이 있다. 사실 방송은 어느 정도 배짱과 용기가 필요하다.

방송출연을 앞두면 누구나 긴장한다. 카메라에 내 모습이 어떻게 비칠지, 또 내 목소리가 마이크를 통해 어떻게 나올지 불안해한다. 방송 외 분야에서 성공한 유명인들도 TV토크쇼 등에 출연섭외를 받으면 일단 무슨 옷을 입고 나가야 하나 하는 문제부터 여러 가지 준비에

골몰하게 된다. 직업 방송인이나 출연 경험이 많은 사람이라면 모를까 방송출연을 준비한다는 것은 분명히 정신적 부담이 크고도 어려운 숙제이다. 또 방송이 나간 뒤 주변 사람들로부터 듣는 많은 피드백(feedback)도 무척 신경이 쓰이는 부분이 아닐 수 없다. 특별한 경험이며 기회인 만큼 기왕이면 잘하고 싶은데, 문제는 방송출연에 대비하기 위한 정보나 조언을 얻기가 쉽지 않다는 것이다. 물론 겉으로 보이는 모습보다는 방송내용이 중요하다. 그러나 카메라 조명, 마이크 등 TV 제작의 환경이나 특성을 이해하고 최선의 모습으로 준비해 카메라 앞에 선다면 방송내용에 대한 자신감도 생길 수 있다. 전혀 모르는 상황에서 방송출연을 할 경우 당황할 수밖에 없고, 방송을 진행하는 데 큰 어려움을 겪게 될 것이다. 미국 PR협회 회장 메리 쿠직(Mary Cusick)은 "카메라와 마이크 앞에 선 경험이 많은 기업간부들일수록 자신감이 많다. 방송에 익숙하다는 것은 그만큼 조명이나 마이크 등에 신경 쓰는 대신 방송내용에 더 집중하게 되는 것이다"라고 말했다.

정치에 있어서도 TV의 영향력은 막강하다. 정치인들이 TV 매체의 특성에 맞는 정치행위와 이미지를 연출하는 데 치중하는 경향이 있어 미디어 정치의 폐해에 대한 경계의 목소리가 적지 않다. 특히 선거에서 유권자들이 후보의 자질과 능력, 정치철학 등의 본질적인 요소보다도 외모나 목소리, 말재주 등의 이미지를 보고 판단할 우려가 있다. 그럼에도 유권자들에게 가장 폭넓게 다가갈 수 있는 통로가 TV 매체인 만큼 TV 토론 등을 통해 자질을 갖춘 후보를 선별할 수 있는 성숙한 선거문화와 유권자들의 의식을 키워나가야 할 것이다. 또한 후보자들은 믿음과 호감을 줄 수 있는 이미지를 개발하여 유권자들에게 다가가야 할 것이다.

방송에 있어 가장 바람직한 모습은 '가장 자연스런 모습'이다. 그런

데 긴장하지 않고 가장 자연스런 자기의 모습을 방송에서 연출하기란 쉽지 않은 일이다. 이것은 방송을 직업으로 하는 사람도 매일 접하게 되는 숙제이다. 긴장을 풀고 방송에 필요한 요소들, 즉 외모나 목소리, 제스처 등을 좀더 잘 조절할 수 있다면 카메라 앞에서 자연스럽게 돋보일 수 있을 것이다.

필자가 방송을 지망하는 학생들을 가르치면서 아쉽게 느꼈던 것은 방송이 일종의 도제와도 같아 선배의 경험을 토대로 테크닉과 노하우를 전수하는 것이지만 체계적인 워크북이나 이론서가 없다는 사실이었다. 그리고 방송이 일반인에게 더 이상 신비한 영역이 아닌 이상, 방송을 좀더 친근하게 볼 수 있는 안목과 언제 어느 때 출연섭외를 받는 경우가 생기더라도 당황하지 않고 지혜롭게 준비할 수 있는 지침서 같은 것이 있으면 좋겠다는 생각을 했다. 예를 들면 방송의 가장 중요한 기제인 목소리를 어떻게 하면 최대한 긴장을 풀고 건강하게 발성할 수 있는지, 카메라에 잘 어울리는 분장이나 헤어스타일, 의상은 어떻게 준비하는 게 좋은지, 또 인터뷰를 할 때 어떤 자세로 기자를 대하는 것이 좋은지, 토크쇼나 TV 토론에 출연해 성공적인 모습을 연출할 수 있는 정보들이 필요할 것이라고 생각했다. 또한 TV에 자주 비치는 인사들, 특히 정치인들의 이미지 메이킹에 효과적인 방법들을 찾아보고자 했다.

업무상 언론인과 접촉해야 하는 사람들은 언론의 생리를 알고 언론에 정확한 메시지를 전달하는 방법을 터득하고 있어야 역할을 효과적으로 수행할 수 있다. 이를 위해서는 언론훈련(media training)이 필요하다. 평상시의 효과적인 언론관리와 위기발생시의 언론대응법도 익혀두는 것이 유익하리라 생각한다. TV 생방송에 출연해 시청자들에게 회사의 입장을 효과적으로 설득력 있게 설명할 수 있어야 하는데 불안한 표정이 역력하고 중언부언 갈피를 못 잡는 얘기를 한다면 명예와 신뢰는 더 떨어지고 위기관리는 더 어려워질 것이다. 악어와 악어새의 관계인 기자와 정치인들, 혹은 언론과 접촉해야 하는 위치의 기업의 중역들이나 조직의 간부들도 언론훈련이 필요하기는 마찬가지이다.

이 책의 제목이 『TV 출연을 위한 이미지 메이킹』이듯, 짧은 인터뷰나 토크쇼, TV 토론 등에 출연하게 될 인터뷰이(interviewee), 게스트(guest), 패널리스트(panelist) 등의 역할을 중심으로 준비해야 할 내용들을 정리해보았다. TV 출연을 앞두고 있는 사람들이나 방송을 지망하는 예비방송인들에게 도움이 될 수 있으면 좋겠다.

2004년 1월
이미영

차 례

책 머리에__5

출연준비는 이렇게
    1장 긴장감 극복하기__13
    2장 숨쉬기와 목소리 가다듬기__23
    3장 얼굴에 맞는 분장하기__32
    4장 옷 고르기__45

카메라는 대중의 눈과 귀
    5장 대중 앞에서 말하기__61
    6장 방송에서 쓰는 말들 알기__71

세련된 매너 익히기
    7장 몸으로 말하기__91
    8장 실례 보기: 정치인들의 이미지 메이킹__106

방송국 들여다보기
    9장 프로그램이 만들어지기까지__123
    10장 암호 같은 방송용어 풀이__129

TV에 나오는 사람들
  11장 방송은 누구나 할 수 있을까?__141
  12장 아나운서와 앵커는 다른가?__154

인터뷰 요청을 받았을 때
  13장 인터뷰는 격식 갖춘 대화__175
  14장 마이크를 들이댈 수 있는 사람__182
  15장 질문보다 중요한 답변__189
  16장 평상시 언론 대하기__196

토크쇼에 출연하기
  17장 말 잔치의 호스트__205
  18장 손님이 왕__214

최상의 토크쇼는 TV 토론
  19장 말 교통정리하기__225
  20장 말, 말, 말하는 사람들__231

출연준비는 이렇게

1장 긴장감 극복하기
2장 숨쉬기와 목소리 가다듬기
3장 얼굴에 맞는 분장하기
4장 옷 고르기

1장 긴장감 극복하기

　방송출연은 대부분의 일반인들로서는 평생에 한 번이나 할까 말까 한 드문 경험이다. 방송에서 섭외대상 범위에 있는 사람이더라도 전공 분야나 일상적인 일이 아닌 만큼 카메라 앞에 서는 데 익숙해지기란 쉽지 않은 일이다. 방송출연이 예정되면 그때부터 마음의 평정을 유지 하기가 어렵다. 비교적 출연 경험이 많아 웬만큼 단련되었다 해도 매번 부담스럽고 긴장되기는 마찬가지이다. 하물며 경험이 전혀 없는 일반인들이라면 방송출연에 대한 두려움과 긴장은 더 클 수밖에 없다. 전문 방송인들도 스탠바이(standby) 사인을 받고 카운트다운을 하는 동안 겉으로는 아무렇지 않아 보이지만 가슴이 조여오는 긴장을 느끼게 된다. 지금은 고인이 된 이득렬 앵커도 십 년 가까이 <MBC 뉴스데스크>를 진행하면서도 '스탠바이'에서부터 '큐' 사인을 받는 5초 동안에는 긴장이 돼 데스크 모서리를 꽉 잡게 되더라고 회고한 적이 있다.
　흔히 말하는 카메라 공포(camera panic)는 방송에 출연했을 때 카메라의 탈리 램프(tally lamp)에 빨간 불이 들어오거나 큐 사인(cue sign)을 받았을 때 느끼는 불안감이다. 사람에 따라 정도의 차이는 있지만 대부분 마이크에 대한 두려움보다 카메라에 대한 공포가 더 크다고 한다. 왜냐하면 라디오는 청취자에게 보여지지 않는다는 일종의 익명성으로 안도할 수 있으나, TV는 출연자와 시청자 사이에 가려지는 방패막이가 없기 때문이다. 즉, 있는 그대로 보이고 들린다. 이러한 카메라 공포는 주로 자신의 외모가 TV에 어떻게 비칠 것인가에 대한 불안과 방송에서 실수하면 어떻게 하나 하는 두려움에서 온다. 실제로 TV는 출연자의 모습을 다소 왜곡시킨다. 다시 말하면 실물보다는 살이 조금 더 붙어 보인다. 일명 '카메라 살(camera add)'이라고 하는데 아나운서들 사이에서는 방송에 익숙해지면 자연히 카메라 살이 빠진다는 말이 있다. 하지만 자연히 빠진다기보다는 방송을 하는 사람들로서 다이어트 등으로 외모에 신경을 쓰다 보니 나타난 결과일 것이다. 방송 전날 과음·과식을 했다거나 울어서 눈이 붓게 되면 TV 화면에 여과 없이 보여지기 때문에 특히 삼가야 하는 일들이다. 어쨌거나 방송이라는 전자적 매체에 의해 얼굴이 커 보이고 몸이 더 불어나 보이는 것을 좋아할 사람은 없을 것이다.

TV는 있는 그대로의 모습을 적나라하게 보여준다. 마이크를 통해 나오는 자기의 목소리가 충격적이듯이 사람들은 TV에 비치는 자신의 모습에 익숙지 않다. 다른 사람들에게는 그렇지 않은데 당사자는 자신의 모습이 어색하고 낯설고 이상하게만 보이는 것이다. 결국 그것을 치료할 수 있는 방법은, 자신의 모습이 불편하고 어색하다고 느끼는 사람은 자기 자신밖에 없다는 사실을 깨닫는 일이다.

또한 누구나 많은 사람들이 지켜보는 가운데 자기가 바보처럼 비쳐지는 것을 원치 않는다. 따라서 TV에 출연하는 사람은 실수와 실패에 대한 두려움이 강하다. TV에서는 말하는 것 외에 자세·동작·표정 등에도 신경을 써야 하며, 그 중 하나라도 실수를 하면 실패에 대한 불안 심리를 자극하게 된다. 경험이 없고 준비가 안 된 상황에서는 카메라 공포가 더 클 수밖에 없다. 따라서 방송출연을 앞두고 카메라 공포를 줄일 수 있는 방법으로 준비가 필수라는 사실을 기억해야 한다.

　미국의 성인남녀를 대상으로 한 어느 설문조사 결과, 가장 큰 공포는 대중 앞에 나서는 공포라고 한다. 다만 사람들은 내면의 공포를 숨기고 말없이 고통받고 있다는 것이다. 앞서도 말했듯이 사람마다 느끼는 공포와 불안의 정도는 분명히 차이가 있다. 심한 경우는 병적인 대인공포증(social phobia)까지 일으킬 수 있다고 하나, 대중 앞에 나서서 말을 하는 행위에 대한 불안과 긴장은 결함이나 장애가 아니다. 능력을 인정받고 성공한 사람이라도 이런 문제를 갖고 있을 수 있다. 많은 사람들의 시선에 자신이 노출된 채 평가받는다는 데 대해 예민하지 않을 사람은 없다. 잘하고 싶은 마음이 클수록 자신의 작은 실수에도 실망이나 좌절, 분노를 하게 된다. 그러나 그럴수록 자신에 대해 따뜻하고 너그러운 마음을 가져야 한다. 중요한 것은 나만이 아니라 다른 사람도 마찬가지로 같은 상황에서 긴장과 공포를 느낄 수 있다는 사실을 깨닫는 일이다.

　남녀노소 누구나 경험하는 이런 정신적 공포감은 육체적 증상으로 나타난다. 더러 심장이 약한 사람은 방송이나 공연, 혹은 대중연설을 앞두고 약을 먹기도 하는데 일시적인 효과는 있을지 모르지만 근본치료가 되는 것은 아니다. 모 개그맨은 청와대에서 대통령과의 인터뷰를 앞두고 긴장돼 우황청심환을 과다복용하는 바람에 방송 내내 몽롱한 상태로 있었다고 한다. 방송 혹은 대중 앞에 설 때의 공포를 없애기 위해서는 긍정적인 사고와 자신감이 중요하다. 닥치지도 않은 상황을 상상하고 앞서서 두려움을 가늠하려 들 필요가 없다. 불안을 극복하는 데는 일종의 자기최면 혹은 자기주문(self-talk)이 반드시 필요하다. 두려운 상황을 상상하지 말고 방 안의 한 사물에 집중하며 "나는 할 수 있다", "나 자신을 믿는다"는 식의 말을 자꾸 반복해보는 것이다.

심호흡도 중요하다. 심호흡은 신경계를 안정시키는 데 큰 도움이 된다. 눈을 감고 심호흡을 하며 아무 저항 없이 물결을 타고 흘러가는 상상을 해보는 것도 두려움과 공포를 회피하지 않고 있는 그대로 인정하고 받아들이는 방법이 될 것이다. 하루에 규칙적으로 심호흡을 훈련하면 얼마 지나지 않아 습관이 될 것이다. 보통 5~10회 주기로 하루 2~3차례 10일간 심호흡을 훈련하고 점차 횟수를 조절하는 방법이 좋다.[1]

가족이나 친구의 따뜻한 격려가 자신감을 북돋울 수 있다. 가까운 사람들을 앞에 두고 연습을 하는 방법도 있다. 5분 정도 길이로 말을 해보고 피드백을 구하되 비판적이지 않고 긍정적인 내용만 말해줄 것을 요청한다. 단 진실된 것이어야지 거짓된 내용이어선 안 된다. 스스로 스피치 상황을 녹화해보면 속으로 긴장하고 있는 것만큼 겉으로는 드러나지 않는다는 것을 확인할 수 있을 것이다. 녹음만 해보더라도 속으로는 긴장하고 불안해하지만 그럼에도 자기가 말을 하고 있다는 사실을 깨닫게 될 것이다. 스스로도 비판적이지 말고 자신감을 북돋울 수 있도록 자신을 격려하고 지지하는 것이 좋다.

심적인 불안과 공포에 집착하면 혼자라는 생각에 두려움은 더해간다. 다른 사람, 즉 청중이 나로부터 듣고 싶어 하는 이야기가 있다는 사실을 기억하고 필요로 하는 것이 무엇인지, 흥미로워하는 것이 무엇인지에 대해 생각을 집중하면 불안감을 잊을 수 있다. 다른 사람들이 귀 기울여 경청하려는 나의 말과 행동이 그들에게 영향을 미칠 수 있다는 생각을 하면 자신감을 얻을 수 있다. 또 그러한 중요한 역할에 대한 책임감에 열중하다 보면 두려움이 들어설 여지가 없어질 것이다. 두려운 상황을 자꾸 회피하다 보면 공포감은 더해만 갈 뿐이다. 뒤로 물러설 것이 아니라 이를 극복하려는 결심이 선행되어야 한다.

---

1) Janet E. Espoito, *In the Spotlight*, Strong Books-Publishing Directions, 2000, p.55.

긴장을 말해주는 증상

카메라 앞에 혹은 대중 앞에 섰을 때의 두려움과 긴장은 여러 가지 신체적 증상으로 나타난다. 우선 소개를 받고 인사를 하고 난 후 첫 운을 떼어야 하는데 그 첫마디가 떠오르지 않는다. 일 대 일의 대화가 아닌 그룹이나 공식적인 자리에서 말을 해야 하는 상황에서 상당수의 사람들은 일종의 발표공포증을 일으킨다. 의학적으로 우리의 뇌에서 사고와 인지영역은 두 개의 반구(hemisphere)로 나뉘는데 오른쪽 뇌는 공간적응력을, 왼쪽 뇌는 언어능력을 맡는다고 한다. 사람들 앞에 나가 말을 하려는데 말이 막히는 것은 오른쪽 뇌가 청중과의 거리에 적응하려는 동안 긴장과 공포로 인해 생각하고 말하는 기능의 왼쪽 뇌가 기능을 하지 못하는 것이다. 그러므로 말의 첫마디가 생각나지 않는다면 우선 몸의 균형을 잡는 데 집중하는 것이 효과적이다. 한 가지 방법으로 발가락을 세 번 오므리면서 몇 초를 기다리면 단어가 생각날 수 있다.[2] 우스개 이야기나 어떤 스토리를 말하려는데 도통 첫마디가 떠오르지 않을 때도 있다. 이런 사고의 단절(thought-blocking)을 해결하는 또 하나의 방법은 그 일이 일어났던 장소를 머릿속에 떠올리는 것이다. 그러면 오른쪽 뇌를 작동시키면서 멈췄던 왼쪽 뇌를 자유롭게 하는 것이다.

입이 마르는 것도 긴장했다는 증거이다. 공포스러운 생각에 침이 분비되지 않는 것이다. 물 컵이 옆에 있다면 아무 문제 없지만 대중 앞에서 물 컵을 들고 마시는 행동도 집에서처럼 자연스럽게 하기는 어렵다. 그럴 때일수록 천천히 여유를 가져야 한다. 서두르면 자기가 서두르고 있다는 의식이 더 강해져 말의 흐름마저 끊어질 수 있다. 말

---

[2] Natalie H. Rogers, *The New Talk Power*, Capital Books Inc., 2000, p.273.

을 하면서 물을 마시면 사레 들릴 우려가 있으므로 주의한다.

 말이 자꾸 막히고 중간 중간에 무의미한 소리(filler)를 낸다. 즉, 말을 하다가 단어가 떠오르지 않아 잠시 멈칫할 때 그 공백을 "어", "으", "그" 등의 소리로 메우는 습관이 있다. 말하는 사람은 그게 편하지만 잦을 경우 듣는 사람은 짜증이 날 수 있다. 그보다는 잠깐 침묵하는 편이 낫다. 이를 해결하기 위해서는, 간단한 스피치를 준비해 말을 하면서 자기도 모르게 무의미한 소리가 나올 때마다 연필로 표시하여 자신이 얼마나 자주 무의미한 소리를 사용하는가를 스스로 의식하는 방법이 있다. 또 평상시 대화를 하는 동안에도 자신의 무의미한 소리를 의식하며 줄이려는 노력을 하면 큰 효과를 볼 수 있을 것이다. 말을 하는 동안 문진(paperweight)처럼 무게가 나가는 물건을 손에 올려놓고 그 무게를 느껴보는 것도 도움이 될 수 있다.[3] 손에 올려진 물건의 무게를 느끼는 데 집중하다 보면 잡음이 방해가 되므로 의식적으로 무의미한 소리를 하지 않게 된다.

 말을 하면서 고갯짓(bob)을 하는 사람이 드물지 않다. 이것은 신체적 통제력을 상실했다는 의미가 된다. 고개를 좌우로 까딱까딱 움직이는 것은 청중의 주의를 산만하게 할 뿐 아니라 심한 경우 자칫 병약한 느낌을 주기 때문에 말하는 사람의 이미지도 손상된다. 거울을 보면서 평상시 자기가 고갯짓을 하는 습관이 있는지 살펴보고 고개를 고정시키고 말하는 훈련을 한다. 습관적인 고갯짓의 정도가 심하면 목의 근육이 긴장되고 머리가 억지로 움직이면서 위와 가슴이 움츠러들 염려가 있다. 그러면 충분한 공기를 받아들이지 못해 호흡에 문제가 생긴다. 벽에 머리를 고정하고 신문을 눈높이로 들어 기사를 천천히 소리 내어 읽어보는 훈련이 효과적이다. 머리를 절대 움직이지 않고 정상적

---

3) Rogers, ibid., p.278.

으로 호흡한다. 자기도 모르게 몸을 앞뒤로 혹은 좌우로 흔드는 사람도 이런 방법을 쓰면 교정할 수 있다.

긴장을 하면 무의식중에 평소 자신의 나쁜 습관이 더 두드러질 수 있다. 눈알을 이리저리 굴리거나 눈을 자주 깜박이고, 젊은 여성의 경우 흔히 혀를 낼름거리고, 입맛을 다신다든가 눈을 크게 뜨려는 듯 눈살을 찌푸리는 등의 습관이 있는데 자연스럽지 못하고 산만해 보이는 행동이다. 자신의 습관을 스스로 충분히 인식하고 고치려는 노력이 필요하다. 무의식중에 그런 습관이 나올 때마다 심호흡을 해본다. 그리고 몸의 균형을 잡는 데 집중하고 얼굴 표정을 의식하면서 천천히 분명하게 말하는 훈련을 한다. 대화를 할 때도 보일 듯 말 듯하게 입술을 떼고 얼굴 전체의 긴장을 풀며 자신의 표정을 생각한다. 이런 노력을 하다 보면 남들에게 부담이 되는 습관적 표정을 줄일 수 있다.

일단 말을 시작해 잘해나가다가도 어느 순간부터 통제력을 잃어 갑자기 생각이 막히고 가슴이 뛰는 것을 느낄 수 있다. 또 목소리가 떨리거나 갈라지고 불안감이 엄습해온다. 이것은 스스로 부정적인 생각을 하기 때문이다. 즉, 자신을 쳐다보며 귀 기울이고 있는 사람들에 대해 '내 말이 지루하고 따분하게 들리는 건 아닐까', '이렇게 조용한 건 모두들 내 말에 귀를 기울이고 있는 건데' 하는 생각을 자꾸 하면 불안감을 느끼게 된다. 그럴 땐 말을 멈추고 발끝을 세 번 천천히 오므렸다 폈다 하기를 반복하며 몸의 균형을 잡도록 한다.[4] 그러면 다시 마음의 평정을 되찾을 수 있을 것이다.

긴장을 하면 말도 빨라지려니와 손짓·몸짓 등 움직임이 많아진다. 몸을 움직이는 게 편하고 보디 랭귀지(body language)도 커뮤니케이션의 효과가 좋다고 볼 수 있지만, 많이 움직이지 않고 팔을 자연스럽게

---

4) Rogers, ibid., p.281.

늘어뜨리고 있으면 차분해 보이고 집중력이 있어 보인다. 보디 랭귀지로 표현을 하는 것과 무의식적인 움직임과는 다르다. 발작적인 동작이나 경련, 경망스러워 보이는 빠른 손동작 등은 전하려는 메시지와 관련이 없는 것들이다.

긴장했다는 것을 자신도 느끼고 다른 사람도 눈치를 챌 수 있는 가장 흔한 증상이 떨리는 목소리와 후들거리는 다리의 움직임일 것이다. 남들 눈에는 잘 보이지 않을 만큼 경미한 정도라도 자신이 떨고 있다고 한번 의식하면 좀처럼 떨쳐내기가 힘들다. 이 외에도 추운 날씨가 아닌데 이빨이 부딪힐 정도로 덜덜 떨리기도 한다. 만일 종이를 들고 있다면 종이가 파르르 떨리는 것을 볼 수 있다. 또 크게 말하고 싶은데 의지와 다르게 목소리가 자꾸 안으로 기어들어 간다.

이런 등등의 신체적으로 드러나는 불안증세들을 해결하기 위해서는 앞서 말한 대로 올바른 호흡법과 일종의 자기최면이 필요한데, 이를 위한 연습방법이 있다.[5]

- 의자에 앉아 손을 무릎에 얹고 몸의 좌우 균형을 잘 잡는다.
- 배를 안쪽으로 당기고 코로 숨을 뱉는다. 셋을 세는 동안 잠시 숨을 멈춘다. 배 근육을 이완시키고 공기를 약간 들이마신다. 이때 가슴이 들먹이지 않게 한다. 들숨 날숨을 한 호흡으로 다섯 번 반복한다.
- 큰소리로 주문을 외듯 "나는 지금 의자에 앉아 있고 내 몸은 완벽하게 균형을 이루고 있다"라고 말하며 균형감을 느껴본다.
- 양손을 남이 알아채지 못할 정도로 미세하게 들어 올려 손의 무게를 느끼면서 "나는 내 손을 느낀다"라고 말한다.
- "내 손을 천천히 양옆으로 가져온다"라고 말한다.

---

5) Rogers, ibid., pp.353-354.

- "천천히 일어난다⋯⋯ 조금 걷고 멈춘다⋯⋯ 손을 느낄 때까지 기다린다"라고 말하면서 의자에서 일어나 발걸음을 3인치 이내로 작게 내딛는다.
- "연단 앞으로 걸어나간다⋯⋯ 내 손을 느낀다⋯⋯"라고 큰 소리로 말하며 앞으로 발걸음을 옮긴다. 그러면서 계속 손을 느낀다. "천천히 돌아선다⋯⋯ 청중을 바라본다⋯⋯ 멈춘다⋯⋯ 정면을 바라본다⋯⋯ 방 안을 살펴보지 않는다⋯⋯ 손을 느낀다"라고 말한다.
- 이제 연단에 서 있다. 발이 편안하게 떨어져 있도록 한다. 발끝을 세 번 오므렸다 펴고 말하기 시작한다.
- 마지막 말을 하고 "감사합니다"라고 한다. 세 번 발끝을 오므렸다 펴고 "천천히 의자로 돌아온다⋯⋯ 내 손을 느낀다"라고 말한다.
- 의자에 앉는다. 다섯 번 복식호흡을 한다. 느낌을 인식한다.
- 다시 한번 이 과정을 반복하는데 소리내어 말하지 않고 속으로 스스로에게 말한다.

긴장이 고조될 때 해볼 만한 간단한 체조법도 배워두면 도움이 될 것이다.[6]

- 심호흡을 천천히 여러 차례 반복한다.
- 혀와 턱을 풀어준다.
- 바른 자세를 유지한다.
- 손과 손목의 힘을 빼고 풀어준다.
- 어깨와 등을 똑바로 하고 앉은 다음 배를 당긴다.
- 머리와 목에 힘을 빼고 천천히 좌우로, 그리고 아래위로 돌린다.

---

6) 임태섭, 『스피치 커뮤니케이션』, 연암사, 1996, 42쪽.

모든 것은 마음먹기에 달렸다. 카메라 앞에서 혹은 사람들 앞에서 혹시 실수해서 망신이라도 사면 어떻게 하나 하는 생각을 자꾸 하면 자신감을 잃게 된다. 긴장과 불안감을 숨기고 태연한 척하기보다 그 도전에 직면해 준비에 만전을 기하면 성공할 수 있다고 긍정적으로 생각하는 게 좋다. 스스로를 격려하고 과소평가하지 말며 누구나 불안할 수 있다는 사실을 기억해야 한다. 학자들의 연구에 의하면 사람들 앞에서 발표를 앞둔 사람의 불안심리는 4단계 과정을 거쳐 변화한다고 한다.7) 즉, 연설을 준비하는 단계에서는 불안감을 예감(anticipation)하고, 연설을 막 시작해서는 강한 불안감에 직면(confrontation)하게 된다는 것이다. 하지만 시간이 가면서 심리적으로 적응(adaptation)하게 되고, 연설이 끝날 무렵에는 모든 불안심리로부터 해방(release)된다고 한다. 그러므로 불안감은 일시적인 현상일 뿐이라는 것이다. 방송에서든 대중 앞에서든 많은 귀와 눈이 온통 자기에게만 쏠려 있는 상황에서 느끼는 긴장과 두려움은 정도의 차이만 있을 뿐 누구나 경험하는 것이다. 말하는 데 집중해 적응하다 보면 차츰 긴장이 사라지고 자신감이 들어서게 될 것이다.

> 입사 후 연수를 막 마친 새내기 여자 아나운서가 성탄특집 생방송 프로그램에 처음으로 투입돼 일기예보를 하게 되었다. 도입부 멘트를 달달 외고 카메라 앞에서 스탠바이를 하면서 긴장은 점점 고조되어갔다. 큐 사인을 받는 순간 갑자기 앞이 깜깜해지고 아무것도 생각이 나지 않았다. 달달 외웠던 대사의 첫 구절 "하늘에는 영광, 땅에는 평화……"를 말하고는 입이 얼어붙었다. 불과 수초의 시간이 한없이 길게 느껴지고 결국 그녀는 주저앉아 울음을 터뜨리고 말았다.

---

7) 임태섭, 앞의 책, 36쪽.

2장 숨쉬기와 목소리 가다듬기

전문 방송인이든 일반 출연자든 방송을 한다고 할 때 우선 중요하다고 생각하는 요소 중의 하나가 목소리이다. 시청자는 출연자의 목소리를 듣고 TV 화면으로 눈길을 돌리게 된다. 목소리는 사람들이 인식하는 첫째 요소이며, 그 다음이 목소리로 전달하는 메시지이다. 좋은 목소리를 내는 데는 호흡과 발성에 대한 기본 지식이 필요하다. 목소리를 낸다는 것은 목의 두 개의 작은 근육과 인대를 사용하는 것이다. 이 후두(vocal folds) 부위에 이상이 생기면 목소리가 상한다. 방송에서 좋은 목소리란 건강한 소리, 그리고 의미를 잘 전달할 수 있는 소리를 말한다. 그러므로 목소리가 잘 기능할 수 있도록 잘 보호해야 한다.

피아노 연주자들은 손에 무리가 가지 않도록 주의하고 발레리나들은 다리를 다치는 일이 없도록 신경을 쓴다. 성악을 하는 사람들은 물론 목을 소중하게 보호한다. 그러나 대부분의 사람들은 매일 자기 목소리를 학대하고 있다. 담배를 피우고 소리를 지르거나 목이 쉬어도 계속 말을 한다. 모두 목소리의 건강과 연관되는 것들이다.

목소리를 효과적으로 기능하게 하기 위해서 긴장을 푸는 것이 핵심이다. 목소리는 몸의 다양한 근육과 관련되어 그 사람이 느끼는 긴장 정도에 따라 다르게 나타난다. 긴장(stress)은 자세와 호흡, 목소리 등

<그림 2-1> 호흡 관련 기관

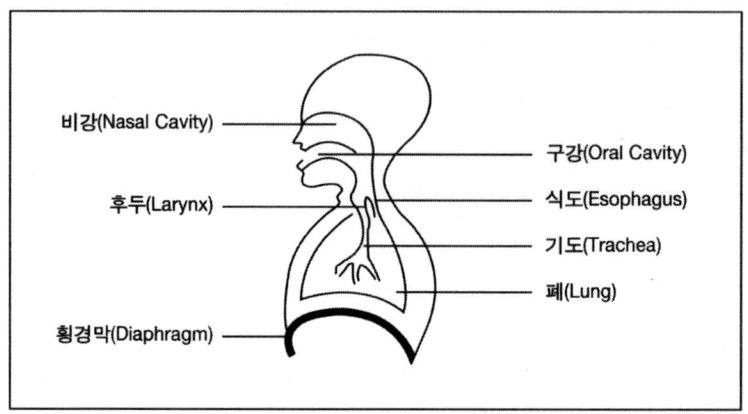

모든 근육상태에 영향을 미친다. 몸이 긴장되어 있으면 목소리도 긴장된다. 몸의 긴장을 없애고 균형 있는 생활을 하면 실제로 목소리에도 좋다. TV 방송에 출연하기 위해 자기 몸을 아끼는 것은 유난스러운 것이 아니라 당연한 것이다. 규칙적으로 운동을 하고, 건강식을 하고, 피부관리를 하는 것도 방송을 잘하기 위해 분명히 필요한 부분이다.

호흡

어떤 직업을 갖고 있는 사람이건 적절한 호흡은 하루에 쌓이는 긴장을 해소하는 데 큰 도움이 된다. 호흡은 마음을 차분하게 하고 정신을 맑게 하면서 몸에 활력을 불어넣는다. 호흡을 통해 말을 할 수 있는 에너지를 얻게 되므로 호흡을 잘하느냐 못하느냐에 따라 말을 잘 전달하느냐의 여부가 결정된다고 할 수 있다.

호흡을 하는 데 있어 가장 중요한 근육은 횡경막(diaphragm)이다. 횡

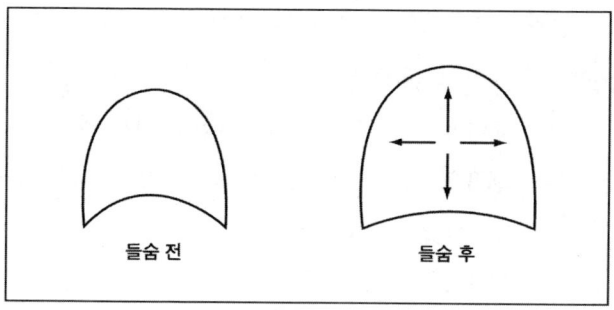

〈그림 2-2〉 숨쉬기와 흉곽 크기

들숨 전   들숨 후

경막은 가장 튼튼한 신체 근육 가운데 하나로 복부와 흉부를 분리하는 넓은 종잇장 같이 생긴 근육이다. 횡경막의 운동을 통해 우리가 자연스럽게 호흡을 할 수 있다. 보통 때는 횡경막이 위로 둥글게 올라와 있고, 우리가 들숨을 쉬면 횡경막은 수축되어 편편해지면서 아래로 움직인다. 이때 늑골은 위로 휘어진다. 들숨일 때 횡경막은 그 아래 있는 위와 간, 비장 등의 장기들을 누르는 압력 때문에 복부가 나오도록 만든다. 이 움직임을 통해 복식호흡이 되고 있는지를 쉽게 식별할 수 있다. 복식호흡이 잘 되면 등 전체와 배 부위가 확장되는 것을 보고 느낄 수 있다. 들숨일 때 가슴 아래 부위가 2.5인치만큼 부풀어오르는 것을 볼 수 있을 것이다.[8]

복식호흡은 건강한 목소리를 유지하는 가장 좋은 방법 가운데 하나이다. 들숨과 날숨을 쉬는 동안 횡경막과 복부근육이 제대로 움직이면 목소리에 긴장이 줄어든다. 복식호흡에 익숙하지 않은 사람은 대부분 숨을 쉬면 어깨가 올라가는 것을 알 수 있다. 우리는 보통 숨을 들이쉬면 배가 들어가고 가슴이 앞으로 나온다고 알고 있다. 이렇게 하면 흉

---

[8] Michelle McCoy, *Sound and Look Professional on Television and the Internet*, Bonus Books Inc., 2000, p.132.

식호흡을 하게 되어 들숨에서 어깨가 올라가고 목 근육에 긴장을 가중시키는 결과가 된다. 가슴으로 하는 호흡은 말을 할 때 목소리의 억양이 높아지고 호흡도 불안하게 만든다.

호흡 조절을 잘해야 더 나은 발성과 편안한 소리를 낼 수 있다. 그러기 위해선 복식호흡이 필요하다. 복식호흡의 요령은 숨을 들이쉴 때(inhale) 복부를 팽창시키며 숨을 내쉴 때(exhale) 서서히 내쉰다. 자기가 복식호흡을 하고 있는지 느낄 수 있는 방법이 있다. 첫째, 의자에 몸을 앞으로 숙여 무릎에 팔꿈치가 닿게 한다. 자연스럽게 숨을 쉬며 움직이는 위치에 주의를 기울인다. 복식호흡을 하고 있다면 위와 옆구리 주위, 그리고 등을 가로지르면서 그 움직임을 느낄 수 있을 것이다. 둘째, 선 자세에서 몸을 90도로 구부리고 팔과 머리를 편안하게 늘어뜨린다. 무릎은 살짝 구부린 다음 복식호흡을 하고 있는지 느낄 때까지 자세를 유지한다. 셋째, 바닥에 등을 대고 누워 오른손을 가슴에 얹고 왼손은 배에 갖다 댄다. 숨을 쉴 때 왼손이 오르락내리락하는 동안 오른손은 움직이지 않아야 한다. 그 느낌을 경험했으면 책을 배 위에 얹고 횡경막을 통해 올바르게 호흡을 할 때 책의 상하 움직임을 살펴본다.

복식호흡은 폐활량을 크게 하고 날숨에서 공기를 조절할 수 있는 능력을 길러준다. 즉 호흡조절인데 호흡조절을 잘하면 건강하고 자신 있는 목소리가 나올 수 있다. 복식호흡으로 들숨을 쉬고 "아" 하는 소리를 내며 날숨을 쉬어본다. 그러면서 시간을 재어본다. 숨이 차지 않고 20~30초 가량 소리를 낼 수 있을 것이다. 그만큼 길게 소리를 내지 못하는 사람은 매일 연습을 한다. 그리고 조금씩 날숨 시간을 늘려 나가도록 한다.

호흡조절을 위해서는 바른 자세도 중요하다. 앉은 자세에서는 복부가 횡경막 돔(dome) 안으로 밀어 올려진다. 선 자세에서는 복부가 몸 전체로 편안하게 확장된다. 인터뷰를 할 때 꼭 앉아야 하는 상황이라면 꼿꼿이 앉고 등을 의자에 기대지 않도록 한다. 그래야 호흡을 좋게 할 수 있다.

발성

잘 훈련된 아나운서의 목소리를 들어보면 소리가 밝고 맑아 듣기가 좋고 울림이 있다. 또 이해하기 쉽도록 적당한 속도를 유지하고 발음이 분명하다. 그러나 아나운서처럼 누구나 좋은 목소리를 가질 수는 없다. 전문적이지 않더라도 보통의 좋은 목소리는 안정적이면서 자연스럽고 질서 있고 진실한 느낌을 줄 수 있어야 한다. 목소리가 부자연스러우면 표정이나 시선 등 전체적으로 부자연스러워 신뢰를 주지 못한다. 훈련되지 않은 보통 사람들의 목소리에 어떤 문제가 있는지 짚어보겠다.

문제 있는 목소리

음의 높고 낮은 변화가 없이 억양이 일정한 모노톤(monotone)이거나, 반대로 노래하듯 높낮이가 심하게 변하는 목소리(singsong), 우는 소리처럼 콧소리가 섞인 높은 음의 소리(whiny) 등이 다소 문제가 있는 목소리라고 할 수 있다. 이러한 목소리들은 기본적인 호흡훈련을 통해 어느 정도 교정이 가능하다.

우선 콧소리가 나오는 사람은 턱과 입의 긴장을 풀고 혀를 낮게 해 소리를 내도록 한다. 그리고 감기나 알레르기로 인해 콧소리가 나는 경우에는 치료해야 한다. 가늘고 힘이 없는 목소리는 복식호흡이 필요하다. 마릴린 먼로(Marilyn Monroe)처럼 성량이 작고 가냘픈 목소리(breathy)는 숨을 들이쉬고 한꺼번에 뱉지 말고 조금씩 나누어 뱉는 훈련이 필요하다. 목소리가 안으로 기어들어 가듯 웅얼거리지 않기 위해서는 손에 무게가 나가는 책이나 물건을 얹고 벽에 읽을 원고를 붙여 조금 떨어져 있는 사람에게 말을 하듯 읽는 훈련을 한다. 그러면 자신 있게, 그리고 자연스럽게 목소리를 뱉을 수 있을 것이다. 원래 목소리가 거친 사람이 아니더라도 장시간 소리를 지르거나 일부러 너무 낮은 음을 이용했을 경우 목이 쉰 거친 소리(husky voice)가 날 염려가 있다. 적절한 호흡법을 훈련하고 조금 높은 음으로 발성함으로써 교정이 가능하다.[9]

건강한 목소리 유지

항상 목을 보호하고 정확한 소리를 내는 것이 건장한 목소리를 유지하는 중요한 열쇠이다. 수많은 건강상의 문제가 후두에 영향을 미칠 수 있다. 단지 목이 아픈 정도에서부터 후두암까지 일으킬 수 있는 것이다. 목에 이상이 생기면 우선 목소리에 나타나 쉽게 감지할 수 있다. 목에 통증이 있다든가 목이 쉬고 뭔가 덩어리가 있는 것처럼 묵직한 느낌이 지속되면 문제가 있다는 증거이다. 목이 쉬는 현상은 심각하게

---

[9] David E. Reese, Mary E. Beadle and Alan R. Stephenson, *Broadcast Announcing Worktext*, Focal Press, 2000, p.47.

보아야 한다. 앞서 말했듯이 목소리는 두 개의 작고 민감한 조직에 의해 만들어지는데, 이 조직을 무리하게 쓰면 영구적인 손상을 가져올 수 있다. 전문 방송인들 중에도 목이 쉬었을 때 소리를 지르면 목소리를 저음으로 만들 수 있다는 그릇된 상식을 갖고 있는 사람이 있는 것 같다. 목이 쉬었을 때 소리를 트이게 한답시고 크게 소리를 지르는 것은 오히려 악화시키는 것이다. 득음을 위해 수련하는 창(唱)을 하는 사람들이라면 모를까 방송인으로서는 생명을 단축시키는 일이 될 것이다. 목소리에 가장 해로운 것이 흡연이라는 것은 논란의 여지가 없다. 담배를 피우면 고질적으로 목이 쉴 수 있고 후두암까지 유발할 가능성이 높다. 기침을 하거나 헛기침을 하는 것도 성대를 갑자기 폭발적으로 진동시켜 목을 붓게 하고 종양(폴립) 같은 것이 생길 염려가 있다.

목에 좋은 식품군은 유제품이다. 점액분비를 촉진시켜 목을 깨끗하게 하고 기침을 없애준다. 아침마다 우유를 마시면 목이 부드럽고 깨끗한 기분을 느낄 수 있다. 입으로 과도하게 숨을 쉬면 목을 마르게 하는 결과를 낳는다. 말할 때나 입으로 호흡을 하고 다른 때는 코로 숨을 쉬어야 공기가 여과가 되고 따뜻하고 촉촉해져 후두로 넘어간다. 잠잘 때 입으로 숨쉬는 것도 좋지 않다. 똑바로 누워 자면 입으로 숨을 쉬게 될 경우가 있고, 이 자세는 등이 아프게 된다. 옆으로 누워 자면 입을 다물고 잘 수 있다. 참고로 입을 다물고 자야 입에 침이 마르지 않고 그러면 충치도 예방할 수 있다.

코가 마르면 목도 마르기 마련이다. 감기에 걸리지 않도록 하고 감기 증상이 있을 때 충분히 물을 마시고 코와 입에 스팀을 쐬는 것이 좋다. 그리고 복합제보다는 제일 심한 증상 한 가지에 맞는 약을 복용하도록 한다. 항히스타민제는 성대를 지나치게 마르게 하기 때문에 피하는 것이 좋다. 커피 등 카페인이 함유된 음료를 많이 마시면 탈수효과를 가져올 수 있다. 그보다는 물을 많이 마시는 것이 좋다. 하루에 7~8컵의 물을 마시는 것이 좋다고 한다. 그리고 목을 썼으면 반드시 휴식을 취하는 것이 중요하다.

목소리를 이완시키는 연습

긴장을 풀고 목소리를 명료하게 내는 데 필요한 연습이다.

- 몸의 긴장을 풀고 복식호흡을 한다.
- 숨을 내쉬는 데 집중한다.
- 숨을 한 번에 내뱉지 말고 공기의 흐름을 횡경막으로 막는 듯한 느낌으로 짧게 끊어서 여러 차례에 걸쳐 내뱉는다.
- 크게 소리를 내며 하품을 해본다.
- 상체를 똑바로 세우고 정면을 본다.
- 껌이나 음식물을 씹듯이 입을 움직이면서 웅얼거리는 소리를 내본다.
- '랄랄랄, 레레레, 리리리' 혹은 'A big black bug blood' 등의 발음으로 발성연습을 하며 입술과 턱과 혀를 이완시키는 운동을 함께 한다. 특히 혀의 움직임이 활발할 수 있게 많이 움직인다.
- 입을 크게 벌리며 성악연습을 하듯 '아에이오우'를 발음하면서 입술 주변의 근육을 풀어준다. 이 운동을 많이 하면 볼 살이 빠지는 효과도 있다.
- 텍스트를 크고 또렷하게, 그리고 느린 속도로 낭독하면서 전체 발성기관을 이완시킨다.

건강한 목소리를 유지하기 위한 3W
- warm-up: 목소리 사용 전에 허밍(humming)을 하거나 샤워하면서 노래를 부른다. 껌을 씹으면 침으로 발성기관을 이완하는 효과가 있다.
- water-down: 하루에 6~8잔의 물을 섭취하여 목을 촉촉하게 유지한다. 알코올이나 커피 등 카페인 음료는 삼간다.
- withdrawal: 목을 많이 썼으면 쓴 만큼 충분히 쉬게 한다.

평상시처럼 편안하게 뉴스를 진행하던 S 앵커가 호흡과 침 삼키는 박자가 안 맞았는지 갑자기 사레가 들렸다. 상식이지만 사레는 음식물이나 침 등 식도로 들어가야 할 것이 기도로 들어가는 바람에 일어나는 증상(It goes the wrong way)이다. 하필 자료화면도 없는 뉴스 꼭지라 카메라는 앵커 샷을 그대로 잡고 있었다. 데스크에 놓인 기침이 날 때 누르는 단추(Cough-box button)를 누를 정신도 없이 기침을 해대는데 한번 들린 사레가 진정되기 쉽지 않다는 건 누구나 경험한 일. 어떻게든 카메라 컷을 넘기느라 눈물까지 글썽이며 사레에 들린 채 말을 하는데 왜 그리도 슬프게 들리는지 정말 진땀 나는 시간이었다고 한다.

3장 얼굴에 맞는 분장하기

　분장 하면 일반적으로 무대화장을 생각한다. 무대화장에 대한 지식이 있다면 도움이 될 수도 있겠지만 일반 무대와 TV 스튜디오는 분명히 다르다. 무대에서는 객석 끝에 앉아 있는 사람에게까지 배우의 얼굴이 보여야 하기 때문에 이목구비가 뚜렷하도록 분장을 한다. 그러나 TV 분장의 가장 중요한 원칙은 자연스러워야 한다는 것이다. 시청자가 출연자의 분장에 대해 언급을 한다면 그 사실 자체만으로도 분장이 잘못되었다고 할 수 있다. 보는 사람이 의식할 정도로 분장이 눈에 띄었다는 의미가 되는 것이다. 스튜디오 출연이 예정된 경우라면 대부분 메이컵아티스트들이 분장을 해준다. 그러나 갑작스런 인터뷰 요청을 받고 장소도 사무실이나 야외일 경우 분장을 해줄 사람은 없다. 또 남자들은 화장을 할 필요가 없다고 생각한다. 인터뷰를 하기 위해 찾아온 기자나 PD에게 출연자의 분장은 별문제가 아니다. 그러나 결과적으로 TV 화면에 비친 모습은 자신에게 큰 문제이며, 기본적인 분장을 했는지 하지 않았는지에 따른 차이는 분명히 있다. 따라서 TV의 특성에 맞는 분장법을 이해하고 간단하게나마 스스로 할 줄도 알아야 할 것이다.

　우리나라의 TV 방송이 흑백TV에서 컬러TV를 거쳐 HDTV 방송을 실시하기에 이르면서, 특히 방송미술 분야의 발전은 점점 세련된 영상을 만들어내고 있다. TV 분장은 무대나 영화분장보다 좀더 복잡한 단계를 거쳐 시청자의 눈에 비치게 되는데 여기에는 카메라나 수상기의 재생 기술적 조건과 여러 가지 미술적 조건들이 영향을 미친다.[10]

첫째, 미술적인 조건으로 우선 스튜디오 장치나 배경이 되는 소도구의 색상이 주는 영향이 있다.

- 붉은색 계통의 세트 앞에서 피부색은 검붉고 지저분해 보인다.
- 백색 계통의 배경인 경우 조명의 반사로 피부가 검어 보인다.
- 초록이나 파란 계통의 배경 색 앞에서는 인물의 피부가 청결하고 선명해 보인다.
- 아이보리색 계통의 배경은 피부색을 부드러워 보이게 한다.
- 엷은 회색은 방송사 스튜디오의 기본 배경 색으로 사용되고 있다.

둘째, 의상이 주는 영향이다. 의상과 분장은 서로 보완적 성격을 띠고 있다. 분장으로 표현이 미흡한 곳은 의상의 모양과 색으로 보완하고, 의상의 표현이 미흡한 경우 분장이 보완해준다. 의상의 색상이나 무늬, 질감에 따라 분장 색에 영향을 주는 예를 살펴보면 다음과 같다.

- 반사되는 질감의 붉은색 계열 의상은 얼굴이 불그스름해 보이게 하며, 그 반사광은 사방으로 번져 얼굴을 커 보이게 하고, 몸도 뚱뚱해 보이게 한다.
- 반사되는 백색 의상은 얼굴 피부를 검어 보이게 한다. 가급적 피하는 것이 좋다.

---

10) 김기배, 『디지털 영상론』, 한명, 2002, 280쪽.

- 중간 정도의 명도를 가진 갈색이나 회색 등 파스텔 계통의 색상을 선택하는 것이 바람직하다.

셋째, 의상에 못지않게 분장에 영향을 주는 것이 무늬이다. 촘촘한 무늬 혹은 세로 무늬, 체크무늬, 정렬된 잔 물방울 무늬, 자잘한 점(dot) 무늬, 촘촘히 배합된 흑백색 무늬, 남성 넥타이의 잔잔한 사선 무늬나 가로무늬, 와이셔츠 칼라의 잔 가로무늬 등은 화면이 흔들려 보인다. 너무 큰 꽃무늬의 여성상의는 풀 샷(full shot)일 때 얼굴과의 경계가 불명확해 혼동을 준다.

실체보다 확대되는 영화에 비해 TV는 사물의 실제 크기보다 축소된다. 실제보다 축소된 영상에 여러 가지 색상이 무질서하게 분포되어 보여진다면 그 화면은 복잡하고 어지러워 보인다. 따라서 TV 분장은 절제된 색상의 사용과 조화를 이룬 색상의 배합과 섬세하고 간결한 분장법이 필요한 것이다.

극중 인물화를 위해 연기자에게 행해지는 분장을 성격분장(character make-up)이라고 하면, 일반 분장 또는 보통 분장(straight make-up)은 인상을 명확히 살려주고 개성을 뚜렷하게 해주는 것이다. 여자 스트레이트 메이크업은 얼굴의 바탕 살결에 결점만을 수정하고 본 얼굴을 그대로 자연스럽게 표현하고 그 얼굴의 매력을 살리는 분장이다. 피부색을 최상의 상태로 나타내며, 조명의 강렬한 광선으로부터 반사를 막아주기 위한 것이다. 스튜디오의 조명은 반사가 되면서 얼굴의 평면화를 가져온다. 즉, 이목구비가 들어가고 나오고 하는 입체적인 느낌이 없이 불분명하게 평평해 보이는 것이다. 따라서 강한 조명으로부터 반사를 막기 위해 분장이 필요하다. 이러한 분장이 필요한 대상은 아나운서, MC, 뉴스캐스터, TV 리포터, TV 토크쇼 출연자 등이다. 본인 얼굴의 결점을 잘 모르는 일반 출연자는 전문가의 도움을 받게 된다. 방송에 출연하게 되면 전문 분장사가 분장을 해주므로 직접 분장할 일은 없지만 기본적인 분장용품과 그 과정을 알아두면 좋을 것이다.

분장용품과 사용법

화장품은 작은 가방에 정돈해 보관하면 이동하기에도 편리하다.

- 아스트린젠트(astringent): 세안 후 바로 사용하여 모공을 좁혀주고 불순물이 피부에 스미는 것을 막아준다.
- 클렌저(cleanser): 메이컵을 하기 전에 얼굴을 닦아낸다. 깨끗한 피부에 메이컵이 더 잘 받는다. 도배나 도색을 할 때처럼 초벌 예비작업이 잘되어야 결과물이 좋은 것이다.
- 모이스처라이저(moisturizer): 베이스 전에 모이스처라이저를 사용하면 피부가 더 부드럽고 고른 상태가 된다.
- 아이 모이스처라이저(eye moisturizer): 미세한 주름을 펴준다. 눈 화장 준비가 잘되어야 눈 아래 그늘을 숨기는 작업이 용이하다.
- 컨실러(concealer): 얼굴의 잡티나 눈 아래 그늘 등을 가리는 용도이다. 피부색보다 한 단계 정도 밝게 쓴다. 아이섀도의 베이스로도 사용한다. 핑크보다 옐로 계열을 이용하면 얼굴의 어두운 부분이나 붉은 반점 등을 희미하게 할 수 있다.
- 베이스(base): 전체적인 피부색을 맞추고 기미나 주근깨 등 잡티를 가리기 위해 기본 착색을 하는 파운데이션이다. TV 출연자들은 대개 팬케이크(pancake)나 크림타입의 파운데이션을 선호하는 편

이다. 파운데이션과 파우더 겸용인 콤팩트(dual-application)도 간편함 때문에 애용한다. 리퀴드 형태의 파운데이션은 보정 효과가 다소 떨어지는 편이다. 콤팩트는 적셔서 사용하거나 마른 채 사용할 수 있다. 어떤 타입이건 베이스 컬러는 피부보다 한 톤 어둡게 고른다. 피부의 톤을 고르게 하고 피부 트러블을 가리되 얼굴이 번들이지 않게 하는 것이 가장 좋다. 얼굴이 번들거리면 TV 스튜디오의 조명으로 반사되므로 얼굴이 부드러우면서 화사한 느낌이 되어야 한다. 어느 한 부분이 두껍거나 얇아 얼룩져 보이지 않게 안면 전체에 고르게 펴 바른다. 얼굴과 목의 경계가 두드러지지 않게 목에도 적당히 색을 입혀야 한다.

- 블러쉬(blush, 볼터치): TV 출연자는 남녀 모두 볼터치를 하게 된다. 그렇지 않으면 시체같이 창백한 모습으로 카메라에 비치기 때문이다. 또 얼굴이 작고 분명하게 보이도록 하는 효과가 있어 최근에 다시 유행하고 있다. 남자들은 특히 분장한 티가 나지 않도록 조심스럽게 사용해야 한다.

- 브러쉬(brush): 분장은 화장품을 잘 섞어서(blending) 쓰는 것이 중요하다. 따라서 털이 부드럽고 질 좋은 브러쉬를 세트로 준비해 두는 것이 좋다. 가끔 샴푸나 비누로 빨아 깨끗한 상태를 유지하는 것이 좋다.

- 립스틱(lipstick)/ 라이너(liner): 여성에겐 필수이다. 광택이 강하거나 펄이 들어간 제품은 조명에 반사될 염려가 있으므로 차분하고 담백한 색이 적합하다. 너무 많은 시선을 끌기 원하지 않는다면 보라나 진주홍색처럼 튀는 색은 삼가는 것이 좋다. 라이너는 립스틱이 번지는 것을 방지하고 입술선을 분명하게 해준다. 입술 색이 옅은 남자는 립스틱을 사용하되 검지 손가락에 약간 묻혀

입술에 펴 바른다. 벽돌색이 자연스럽다. 무엇보다 주의해야 할 것은 이에 립스틱이 묻지 않도록 하는 것이다.

방송에서는 일반적으로 엷은 핑크색이 이상적이다. 영상에 자연색과 같은 입술 색으로 선명하게 나타나 보이므로 가장 많이 사용된다. 입술 분장에 많이 사용되는 립스틱 색은 낮은 채도의 오렌지, 핑크, 밝은 붉은색이다.

- 아이섀도(eye shadow): 아이섀도의 색상은 너무 많아 선택하기가 어렵다. 자연스런 연출을 하기 위해선 갈색(brown) 계열의 색상 두 가지를 섞어 쓰는 것이 좋다. 눈꺼풀의 베이스를 밝게 해서 점차 어둡게 색을 넣으면 눈이 차분해 보인다. 여기서도 블렌딩이 핵심이다. 색깔 선정은 의상 색과 피부색에 맞춘다. 각각의 색이 갖는 효과가 다른데, 갈색은 자연스런 음영을 주며 눈이 움푹 들어간 서양 여성보다 동양 여성에게 어울린다. 핑크 계열은 피부색이 흰 사람에게 어울리고 젊어 보인다. 청색은 어느 피부에나 잘 어울리며 눈을 가장 뚜렷해 보이게 한다.

- 눈썹펜슬: 눈썹펜슬보다 아이섀도를 눈썹에 칠하는 것이 카메라에 더 자연스러울 수 있다. 눈썹이 고르지 않게 난 남성에게도 효과가 있다. 눈썹 펜슬로 그리면 간혹 카메라에 거슬리게 나타난다. 눈썹은 너무 검거나 진하지 않게 그리며 눈썹의 결대로 그린다. 보통 검정이나 갈색, 회색 펜슬을 사용한다. 필요한 경우 눈썹을 다듬어 정돈한다.

- 아이라이너(eyeliner): 부드러운 검정색 펜슬이 제일 무난하다. 리퀴드 타입은 사용하기도 어렵고 너무 눈에 띄므로 삼가는 게 좋다.

- 마스카라(mascara): 속눈썹에 덩어리가 지지 않는 제품을 고른다.

푸른색은 피하는 것이 좋겠다. 검정색이나 짙은 갈색 정도가 무난하다.
- **파우더:** 파우더는, 카메라 앞에 서기 위해서 반드시 해야 하는 중요한 아이템이다. 기본 컬러가 없는 투명 파우더가 좋다. 펜슬로 입술선을 그리고 아이라인을 그린 다음 파우더를 발라주면 얼룩이 지지 않게 고르고 차분한 착색 효과를 준다. 파우더의 기본 기능은 번득이지 않게 하고 얼룩지지 않게 하는 것이다.
- **화장솜/ 퍼프(Puff)/ 면봉/ 베이비 타올:** 화장솜은 메이컵을 지울 때나 얼굴에 파우더를 바를 때 쓸 수 있다. 퍼프에 파우더를 살짝 묻혀 컨실러를 입힌 부위에 혹은 얼굴 전체에 두드린다. 파우더가 너무 많이 묻을 때는 털어내야 한다. 면봉은 화장품을 섞어 쓸 때 사용하기도 하고 아이섀도를 바를 때 대신 사용할 수도 있다. 무향 무알코올의 베이비 타올은 물 없이 메이컵을 지우기에 유용하다.

남자의 경우에는 분장이 여자보다 간단하다. 가벼운 베이스를 바른 다음 섀도, 하이라이트로 얼굴 윤곽을 선명하게 나타내고, 콧등에 광택이 없도록 파우더를 바르고, 수염의 면도 자국을 가능한 한 감춘다. 눈썹 색이 엷거나 적은 흐린 눈썹은 수정하여 선명도를 높이고, 입술에 기본 색을 엷게 발라 너무 선명하거나 너무 죽은 색으로 나타나지 않을 정도로 분장한다.

분장에서 제일 중요한 것은 분장을 지우는 일이다. 분장을 말끔히 지워 피부를 깨끗이 하고 쉬게 해야 다시 분장을 할 때 피부가 잘 받는다. 분장을 지울 때는 클렌징 크림(cleansing cream)을 충분한 양으로 마사지하듯 바르고, 티슈로 부드럽게 닦아낸 다음 깨끗하게 세수한다.

분장과 이미지

코

보통 사람의 얼굴을 삼등분했을 때 코가 가운데의 삼분의 일 가량을 차지한다. 정상적인 코는 얼굴에 균형감을 주면서 건강하고 편안한 인상을 준다. 코의 생김새에 따라 전체 인상도 달라 보일 수 있다.

- 짧은 코는 명랑하고 낙천적인 인상을 풍긴다.
- 낮고 긴 코는 신중하고 속내를 잘 드러내지 않을 것 같다. 과히 낙천적인 성격이 아닐 것 같은 인상이다. 길면서 높은 코는 지적이며 호기심이 많아 보인다.
- 콧등이 좁으면 섬세하고 세련미가 있지만 연약해 보이고 반대로 콧등이 넓으면 정력적이고 인내심이 강해 보인다.
- 콧날이 높으면서 휜 매부리 코는 섬세하고 고집이 세 보인다.
- 콧날이 바르고 우뚝한 코는 힘 있고 민감하며 품위 있어 보인다. 얼굴 전체가 뚜렷해 보인다.
- 콧망울이 작고 뾰족한 코는 여성스러우면서 빈약한 인상이며, 콧망울이 넓은 코는 성격이 원만하고 행동적으로 보인다.
- 콧구멍이 넓은 코는 허영심이 많아 보인다.

눈썹

얼굴 전체에서 눈썹의 역할도 크다. 어떻게 분장하느냐에 따라 가장 쉽고 분명하게 변화될 수 있는 부분이다. 얼굴형에 따라 모양이 결정되며 눈썹 형태에 따라 이미지가 달라진다.

여성

- 기본형은 귀엽고 발랄한 느낌으로 어느 얼굴형에나 어울린다.
- 아치형은 우아한 느낌이며 삼각형 얼굴이나 이마가 넓은 경우 어울린다.
- 각이 진 눈썹은 단정하고 세련된 느낌이며 둥근 형의 얼굴에 어울린다.
- 일자형의 눈썹은 남성적인 느낌을 주며 얼굴이 넓어 보인다.

남성

- 기본형은 젊음과 건강, 힘이 있어 보이며 단정하고 수려한 느낌이다.
- 삼각형의 눈썹은 야성적이고 용맹스러워 보이거나 투박하고 무지한 느낌도 준다. 동양 남성의 눈썹이 대체로 삼각형이다.
- 끝이 위로 올라간 눈썹은 날카롭고 사나우며 능동적인 느낌이다.
- 끝이 아래로 처진 눈썹은 유순하고 겸손하나 어리석고 인색한 느낌도 있다.

입술

기본적으로 아랫입술을 윗입술보다 좀더 도톰하게 그린다.

- 직선형의 입술은 활동적이고 날카로우며 지적인 느낌이다.
- 윗입술 선이 밖으로 휘어진 형(아웃커브)은 부드럽고 원만한 여성의 느낌이다.
- 윗입술 선이 안으로 휘어진 형(인커브)은 발랄하고 현대적인 느낌이다.
- 입술 끝이 올라간 형은 명랑하고 상냥하며 활동적인 느낌이다.

- 입술 끝이 처진 형은 과묵하고 심술이 있어 보인다. 아랫입술 끝을 약간 바깥쪽으로 올려 그리는 것이 좋다.
- 입술이 전체적으로 뾰족한 형은 아담하고 귀여우나 소심하고 내성적이고 자기중심적인 느낌을 준다. 입술산의 각을 낮추고 입술 양쪽을 넓게 그려준다.
- 아랫입술보다 윗입술이 두꺼운 형은 겁먹은 듯 소심하고 우울한 느낌이다. 아랫입술선을 최대한 크게 강조한다.

얼굴 형태 분석

얼굴형은 보통 일곱 가지 정도로 분류할 수 있으며 얼굴 모양에 결점이 있든가 변형을 필요로 할 경우 분장을 통해 그 부분을 수정할 수 있다.

- 계란형: 가장 이상적으로 이마선이 턱선보다 약간 넓어 균형을 갖춘 얼굴형이다.
- 원형: 볼과 턱 부분이 둥그스름하고 얼굴이 전체적으로 짧다. TV 화면에서는 실제보다 얼굴이 커 보일 수 있다.
- 사각형: 이마가 넓고 볼과 턱이 연결되는 선이 거의 직각을 이루고 있으며 전체적으로 얼굴이 짧다.
- 직사각형: 코가 길면서 얼굴이 전체적으로 좁고 길다.
- 삼각형: 헤어라인(hair line), 즉 이마에 머리털이 난 선이 일정치 않으며 턱이 넓고 양쪽 광대뼈 사이와 양미간이 좁다. 분장하기 다소 까다로운 얼굴형이다.

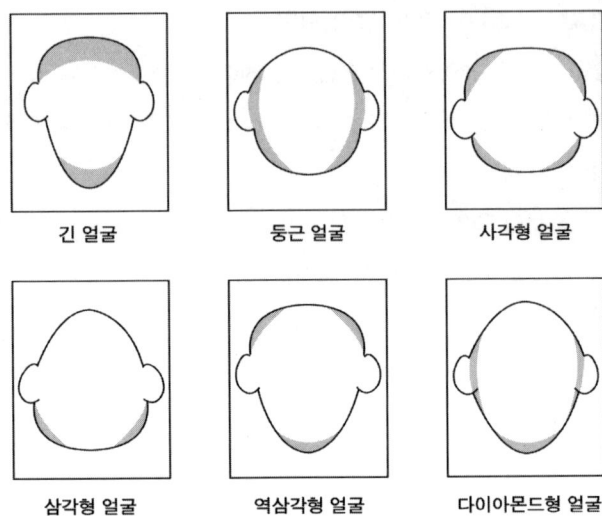

〈그림 3-1〉 얼굴형에 따른 수정

- 역삼각형: 이마와 양미간이 넓고 광대뼈는 높게 자리 잡으며 턱선이 좁아진다.
- 다이아몬드형: 이마가 좁고 광대뼈 부분은 불거져 얼굴이 넓어졌다가 다시 턱은 좁고 뾰족해진다.

헤어스타일

방송에 자주 얼굴을 비치는 사람이라면 남자나 여자나 머리 모양이 너무 유행을 타지 않고 다소 보수적인 모습을 쫓는 편이 낫다. 보수적이란 말의 의미를 지루하고 고루하다고 해석할 사람도 있겠지만 시청자들이 아나운서가 말하는 내용에는 주의를 기울이지 않고 그 사람의 머리 모양에만 시선이 쏠린다면 그것은 오히려 방송에 장애가 될 뿐이다. 또 바람이 몹시 불거나 비가 내리는 날 야외 현장에서 방송할 일이 생길 때 긴 머리는 더 흉해질 수 있다는 점을 감안한다면 적당한 길이에 단정한 머리가 편리하고 무난할 것이다. 그리고 미용실에서 한 껏 멋을 낸 머리가 카메라에는 단정치 못하게 나오는 경우가 많다. 또 카메라는 주로 정면을 비추는데 뒷머리에 장식으로 잔뜩 멋을 부려봤자 헛일이 아닐까 싶다. 드라마 출연이면 모를까 방송국 분장실에서 일반 프로그램의 출연자들의 머리 모양까지는 크게 손질하지 않는다. 출연자의 얼굴 분장을 마치고 나면 조명을 받을 때 얼굴에 그림자가 지지 않도록 하기 위해 이마 위로 머리를 가지런히 고정하는 정도라고 보면 된다. 같은 맥락에서 방송에서 모자를 쓰게 되면 얼굴에 그림자가 지므로 카메라나 조명담당 스태프들은 과히 좋아하지 않는다. 평소 자기에게 제일 무난한 헤어스타일을 잘 다니는 미용실에서 손질하는 것이 바람직하다.

어떤 헤어스타일을 하느냐는 그 사람의 얼굴 형태에 역시 좌우된다고 하겠다. 우선 계란형의 얼굴은 어떤 헤어스타일도 무난하게 소화할 수 있다. 얼굴이 둥근 형은 가르마를 가운데 하는 헤어스타일을 피하는 것이 좋다. 광대뼈가 더 넓어 보이기 때문이다. 삼각형의 얼굴이 너무 짧은 머리를 할 경우에는 턱이 너무 뾰족해 보일 염려가 있다. 사각형의 얼굴은 얼굴 아래턱의 강한 윤곽이 두드러지지 않도록 해야 한다. 그리고 얼굴이 긴 사람은 긴 머리나 머리를 너무 세우는 스타일은 피하는 것이 좋다. 얼굴이 더 길어 보이게 하고, 시선을 이마로 끌게 된다. 사실 가장 고민이 되는 사람은 머리숱이 적은 탈모증이 있는 사람이다. 개인적인 콤플렉스이기도 하지만 방송에서도 탈모증 때문에 겪는 어려움이 있다. 머리가 없는 부분, 특히 넓은 이마에 조명이 반사되는 것을 방지하는 노력이 필요하다. 전문가의 조언을 구해 자기에게 가장 잘 맞는 헤어스타일을 찾는 것이 좋을 것이다.

사극을 촬영하던 탤런트 B 씨가 점심식사 시간이 되자 분장한 콧수염을 떼어놓고 편하게 식사를 했다. 오후 촬영을 다 마치고 출연자들과 스태프들이 헤어지려고 하는데 B 씨가 갑자기 달려와 하는 말, "나, 콧수염 안 붙이고 찍었는데……." 꾸렸던 장비 다시 다 풀고 그날 밤샘 촬영했단다.

4장 옷 고르기

　일상생활에서도 남 앞에 나설 때 가장 신경을 쓰는 것이 옷차림이다. 하물며 수백 수천만 대중(시청자) 앞에 나서는데 어떤 의상을 입어 어떤 이미지로 비출 것인가는 큰 고민이 아닐 수 없다. 옷차림은 이미지 메이킹의 가장 큰 부분을 차지한다고 할 수 있다. 비싸고 고급스러움의 차원이 아니라 색상과 디자인, 또 입은 사람과의 조화로움을 통해 그 사람의 성격과 품격이 입은 옷에서 잘 드러나기 때문이다.

　영화배우나 탤런트, 가수 같은 연예인이 아닌 이상 의상 코디네이터를 두고 있는 사람은 없을 것이다. 또 텔레비전에 적합한 의상에 관해 조언을 줄 만한 사람을 찾기가 그리 쉽지 않다. 의상을 선택할 때 고려해야 할 요소에는 인상과 신체와의 관계, 주위 공간과의 관계, 연령, 그리고 형태, 색채, 모양 등이 될 것이다.

　의상에서 그 사람의 인격이 드러난다고 한다. 오늘날 성공이란, 말과 의상에서 표출된다고도 한다. 한 분야의 전문가로서 적합한 의상을 입고 카메라 앞에 설 때 다른 사람이 아닌 자신의 모습이 되어 편안할 수 있게 된다. 그러나 사실상 이미지 메이킹에 있어 옷차림이란 품격과 매너에 관련된 것이기 때문에 조금은 불편하더라도 참아야 하는 부분이 있다.

미국의 유명한 의상컨설턴트 돈 월드롭(Dawn E. Waldrop)은 사람들이 옷을 입는 스타일을 대체로 내추럴한 스타일, 클래식한 스타일, 낭만적인 스타일, 대담한 스타일 등 네 가지로 분류하고 있다.[11] 각 스타일의 특성을 보고 방송에 적합한지 살펴보자.

스타일 분류

내추럴한 스타일

내추럴(natural)한 스타일의 사람은 다림질이 필요 없는 의상을 선호한다. 의상에 특별한 패턴도 없다. 패턴이 있다면 연한 체크무늬 아니면 물방울 무늬일 것이며 소재도 다소 두껍고 톡톡한 질감을 좋아한다. 헤어스타일에도 그다지 신경을 쓰지 않는다. 간편한 운동화에 청바지나 면 티셔츠를 좋아하는 이 같은 스타일은 카메라의 민감성을 주의해야 한다. 시청자에게 보여지는 적절한 스타일이 무엇인지 생각해야 하는 것이다. 내추럴한 스타일의 남성은 정장보다 스포티한 재킷을 선호한다. 또 그 안에 짙은 색상의 셔츠를 즐겨 입는다. 여성이나 남성이나 내추럴한 스타일은 열이면 열 모두 면제품을 좋아한다. 그런 여성은 화장을 별로 하지 않는다. 그러나 카메라 앞에 서기 위해선 적어도 옅은 화장은 해야 한다.

내추럴하고 캐주얼한 차림을 선호하더라도 남자가 칼라 없는 브이(V)넥 니트를 입고 나오는 경우 초라해 보이고 단정한 맛이 떨어진다.

---

11) Michelle McCoy, *Sound and Look Professional on Television and the Internet*, Bonus Books, 2000, pp.114-116.

클래식한 스타일

　클래식(classic)한 스타일은 어떤 직업 어떤 장소에도 무난하게 어울린다. 방송에서 뭘 입어야 할지 모르겠다 싶을 땐 클래식하게 입으면 큰 무리가 없다. 너무 유행에 뒤지지도 않고 비용도 절감할 수 있다. 이런 스타일의 사람은 다소 보수적이고 격식에 매인다. 남자는 실크 넥타이를 즐겨 매고 여자도 실크 제품을 좋아한다. 이들의 헤어스타일은 매우 단정하다. 여성은 두껍지 않게 깨끗한 화장을 한다. 자칫 딱딱하게 보일 수 있는 점을 액세서리를 사용하여 보완할 수 있다.

낭만적인 스타일

　낭만적인(romantic) 스타일이라면 카메라 앞에선 평소 좋아하는 꽃무늬 프린트 패턴을 조금 자제하는 것이 좋겠다. 이런 사람들은 좀 긴 헤어스타일을 좋아한다. 여성들은 보통 화장이나 의상에 최첨단 색상을 선택한다. 보석을 좋아한다. 하지만 너무 치렁치렁하게 보석으로 장식하는 것은 텔레비전 화면에 비칠 때 시청자들의 시선을 분산시킬 염려가 있으므로 주의해야 한다. 부드러운 소재를 좋아해 실크 의상을 즐기나 자칫 옷감에서 광이 나 스튜디오의 조명에 반사되면 번뜩거릴 수 있다. 따라서 혼합사 제품이 낫다.

대담한 스타일

　대담한(dramatic) 스타일의 사람은 대담한 무늬와 밝은 색상을 선호한다. 이들 역시 낭만적인 스타일의 사람들처럼 텔레비전 카메라 앞에서 조금 자제할 필요가 있다. 남성들은 기하학적인 무늬의 넥타이를 좋아한다. 여성들은 대담한 패턴이나 동물 프린트를 좋아한다. 액세서리도 기왕이면 큰 것을 찾는다. 이 스타일의 여성들은 밝은 색의 매니큐어를 주저하지 않는다. 하지만 손톱의 길이나 색상이 방송에 적합한지 생각해야 한다.

의상에 있어서 중요한 점은 본인의 적성에 맞지 않는 스타일을 억지로 맞추지 말아야 한다는 것이다. 예를 들어 본인이 편안한 스타일이라면 드라마틱한 의상을 고르지 말라는 것이다. 본인과 어울리지 않는 의상을 입고 방송을 할 때 시청자들은 금방 알아본다. 사람들은 출연자가 무슨 옷, 어떤 스타일의 옷을 입었는지는 기억하지 못해도 프로답게 보였는지 아닌지는 기억해낸다. 전문 방송인이라면 자신의 의상이나 액세서리가 자신의 메시지 전달을 방해하지 않도록 해야 한다. 즉, 자신의 스타일에 맞게 해야 한다는 것이다. 그러므로 방송출연을 위해 의상을 고를 때는 자신의 개성을 잘 고려해 가장 잘 어울리는 의상을 고르도록 한다. 그러자면 먼저 자신의 특성을 파악해야 하는데 주위에서 나에게 참 잘 어울리는 옷이라고 하거나 상점에 전시된 옷이 한눈에 들어온다면 그것이 곧 본인의 특성을 말해주는 것이라고 볼 수 있다. 프로그램의 성격도 의상을 선택하는 한 가지 기준이 된다. 더욱이 더블 MC인 경우 조화가 이루어져야 한다. 어느 주말 아침 프로그램에서 남자 MC는 넥타이를 매지 않고 줄무늬 셔츠만 입은 캐주얼 차림인 데 반해 여자 MC는 정장 차림을 하고 나와 조화롭지 못했다. MC든 리포터든 혹은 일반 출연자든 함께 출연하는 사람들과 사전에 조율하는 것이 좋다.

색상

옷의 색상은 기본적으로 그 사람의 피부색을 비롯한 이미지와 조화를 이루어야 한다. 시원한(cool) 느낌의 얼굴은 파란 계열의 색이 어울리고, 온화한(warm) 느낌의 얼굴은 노란색 계열이 어울린다고 할 수 있다. 자기에게 어울리는 색상의 옷을 입으면 얼굴이 화사하고 건강하게 보인다. 같은 색상이더라도 톤(tone)을 달리해 시원한 이미지 혹은 온화한 이미지에 맞게 입을 수 있을 것이다.

사람의 이미지를 계절로 분류하기도 한다. 예를 들어 다소 차갑고 냉철한 겨울 이미지의 얼굴은 레몬옐로나 청록, 흰색이 어울리는 데 반해 검정이나 황색, 오렌지색, 다홍색은 어울리지 않는다. 이목구비가 시원하고 씩씩한 여름 이미지는 하늘색, 연분홍색, 은회색이 어울리고, 순백이나 검정은 어울리지 않는다고 할 수 있다. 차분한 가을 이미지의 얼굴은 검정이나 흰색보다는 황금색이나 갈색 계통을 선택하는 것이 좋다. 따뜻한 봄의 이미지는 물론 밝은 파스텔 톤의 색상이 어울릴 것이다.

그런데 색상은 텔레비전 출연에서 반드시 고려해야 할 요소이다. 전문가들의 연구 결과, 대체로 파스텔 색조가 텔레비전에서 가장 안정되게 나타난다고 한다. 일단 의상의 스타일을 정하고 나면 색상이 자신에게, 그리고 TV 화면에 잘 어울리는지 생각해야 한다. TV 화면을 통해 어떤 색상이 어떻게 비추어지는지 살펴본다.

- 흰색: 유난히 흰 색상은 색이 더 많이 번지거나 퍼져 보여 방송에선 바람직하지 않다. 흰색 블라우스라면 그 위에 다른 색상의 재킷이나 조끼를 걸쳐 흰색을 줄인다. 어쨌거나 지나치게 흰 색상의 의상은 피하는 게 좋다.

- 검정색: TV에선 적당한 색상이지만 다른 색으로 액센트를 주는 게 좋다. 검정 의상은 분위기를 무겁게 가라앉힐 염려가 있다. 피부가 흰 사람이 검정 의상을 입으면 피부색을 죽일 수 있다.
- 빨강색/초록색: 빨강이나 초록 색상은 괜찮다고 생각할 수 있지만, 종종 카메라에 빨강은 오렌지에 가까운 색으로, 초록은 파랑에 가까운 색으로 비친다. 카메라는 색상마다 다르게 반응을 한다. 가장 좋은 방법은 프로듀서에게 어떤 색이 좋은지 물어보는 것이다.
- 색깔 있는 패턴: 줄무늬나 체크무늬, 혹은 어지러운 무늬 같은 패턴과 생경한 디자인은 피해야 한다. 그런 패턴들은 환영처럼 눈에 착시를 일으킨다. 그러면 시청자들은 방송하는 사람을 쳐다보지 않고 그가 입은 옷에만 시선을 보내게 된다.

배경(세트)

방송출연을 위한 의상을 선택하기에 앞서 고려해야 할 또 다른 요소는 스튜디오 세트의 배경 색이다. 만일 배경이 검정인데 앵커가 검정과 빨강이 섞인 옷을 입었다고 생각해보자. 한쪽 소매가 빨강이고 다른 한쪽이 검정이라면 아마 팔 한 짝이 없는 모습으로 보일 것이다. 검정색의 소매가 배경 색에 휘말려 들어가 시청자에게는 손 하나가 이리저리 움직이는 것으로 보일 것이다. 프로듀서들은 대부분 피부색과 대조되는 파란 색상을 배경 색으로 선호한다. 따라서 밝은 파랑 계열의 의상은 삼가는 것이 좋다.

특정한 색상을 배경으로 거기에 영상을 집어넣는 크로마키(Chroma-key)라는 방법이 있다. 벽과 같은 색상의 옷을 입고 서면 영상이 혼합

돼 얼굴만 보이게 된다. 보통 일기예보를 할 때 쓰이는데 기상캐스터들은 빈 벽에 서서 옆에 놓인 모니터를 보면서 위치를 가리키며 방송을 한다. 벽이 초록색이라면 초록색 의상을 입어선 안 된다. 배경과 대비되는 색상의 옷을 입어야 하는 것이다.

옷 소재

너무 잘 구겨지거나 주름이 잡히는 소재는 피하는 것이 좋다. 특히 정장 차림이면서 겨드랑이 부분에 주름이 잡혀 카메라에 비친 모습은 단정하지 못하다. 남자들의 경우 와이셔츠 칼라 부분이 판판하지 않고 우글쭈글한 모습도 보기 흉하다. 옷에 커피 등 음식물을 흘리거나 화장이 묻지 않게 주의한다. 여성의 경우 여벌의 스타킹을 준비하는 게 좋다. 방송에서 가능하면 피하는 것이 좋을 소재들을 살펴본다.

- 리넨: 너무 잘 구겨진다.
- 실크: 가벼운 소재로 여성 블라우스로 많이 쓰이지만 얼룩이 잘 지고 세탁이 비싸다.
- 새틴: 너무 얇아 속이 비쳐 육감적이라 카메라에는 부적합하다. 또 스튜디오 조명 아래서 쉽게 더워진다.
- 반짝이 소재: 스튜디오 조명에 너무 반사되므로 금속성 소재는 삼간다. 방송 내용에 집중하지 못하게 시청자의 시선을 분산시킨다.
- 시폰/레이스: 시폰 소재는 너무 속이 비치고, 레이스를 너무 많이 장식하면 지저분해 보인다. 소매 장식 정도는 괜찮다.
- 코튼: 100% 면은 주름이 잘 가고 오그라들 수 있다.

이에 반해 괜찮은 소재는 다음과 같다.

- 폴리에스터/면 혼합: 면의 상쾌함과 폴리에스터의 주름에 강한 특성의 소재로 방송용으로 매우 적합하다.
- 레이온: 세탁이 쉽고 내구성이 좋다.

이 밖에 여러 혼합소재들이 있는데 무엇보다 자신의 스타일에 맞는지, 세탁과 다림질, 얼룩이나 마모성, 보온성 등을 고려해야 할 것이다. 스튜디오 내부는 수십 개의 조명등 때문에 방송 중에는 기온이 높다. 따라서 겨울철이라고 두꺼운 옷을 입는다면 더위서 견디기 힘들 것이다. 유난히 땀을 많이 흘리는 사람은 분장용 파우더를 발라도 금새 땀이 나 얼굴이 번득거리기 쉽다. 따라서 야외가 아닌 스튜디오에서 하는 방송에는 가벼운 옷차림이 좋다. 그러나 조명이 비추는 세트 밖은 기온 차가 크다. 방송기기들 때문에 항시 낮은 일정온도를 유지하게 되는데 기온 차로 인해 감기에 걸릴 위험도 크다. 이에 대비해 어깨에 걸칠 만한 여분의 옷도 준비하는 것이 좋다.

방송 중 움직임에 따라 옷이 너무 부스럭거려 마이크에 잡음이 들어갈 염려는 없는지 생각해야 한다. 요즘은 상품 브랜드를 디자인처럼 큼지막하게 드러내는 게 유행인 것 같다. 방송에서는 특정상표를 선전할 수 없기 때문에 로고나 브랜드가 눈에 띌 만큼 크면 모자이크 처리를 하는 경우가 많다. 심지어는 테이프로 가리고 나오기도 하는데 처음부터 고려해야 할 사항일 것이다. 보이지 않도록 가려놓으면 더 궁금해하는 것이 사람 심리이다. 그것 역시 시청자들의 시선을 분산시켜 방송을 방해하는 요인이 될 수 있다. 여름철에 여자들이 소매 없는 원피스를 자주 입고 나오는데 이 경우 마이크 줄을 처리하기가 곤란하다. 옷을 집으면 주름이 생겨 보통 자석마이크를 이용하는데 어느 프로그램의 리포터는 줄을 늘어뜨리지 않기 위해 겨드랑이를 통해 줄을 안으로 숨겨버린 모습이 눈에 더 띄고 어색해 보였다.

액세서리

액세서리도 의상과 함께 전체적인 조화의 한 부분을 차지한다. 카메라 앞에서 액세서리로 인해 전체 모습이 완벽해질 수도 있고 오히려 부조화를 이룰 수도 있다. 기본적으로 액세서리로 시선을 끌고 주의를 산만하게 해선 안 된다. 예를 들면 크고 달랑거리는 귀고리는 하지 않느니만 못하다. 여성들은 스카프나 브로치 등의 액세서리를 갖고 있다. 남성들은 다양한 넥타이로 똑같은 양복에 여러 스타일을 연출한다. 무엇이 됐든 마이크에 잡음을 일으키는 액세서리는 하지 말아야 한다.

보석

주렁주렁 단 보석은 비전문가처럼 보이게 하고 시선을 역시 흐트러뜨린다. 귀고리는 얼굴형을 돋보이게 하는 데 중요한 역할을 한다. 하지만 달랑거리는 귀고리는 피하는 게 좋다. 귀고리의 움직임 때문에 중요한 메시지가 전달되지 않으면 안 될 테니까 말이다. 크기도 적당해야 하며 너무 번쩍거려 조명에 반사되는 일이 없게 한다. 뉴스에서 한 여성 장관이 큼지막하고 파란빛이 강한 귀고리를 하고 인터뷰하는 모습을 보고 다소 놀란 적이 있다. 귀고리의 크기가 너무 컸거니와 만일 진짜 보석이라면 얼마나 비싼 걸까 생각하느라 그 장관이 하는 말은 전혀 귀에 들어오지 않았다. 그렇기 때문에 액세서리가 시선을 빼앗아가면 안 된다는 것이다. 그러나 또 역으로 액세서리는 '알아볼 수 있을 만큼은' 커야 한다. 그 말은 시청자들이 무슨 액세서리인지 무슨 그림인지 보느라 애쓰지 않도록 알아볼 수 있을 만큼 적당한 크기여야 한다는 뜻이다. 목걸이도 의상을 돋보이게 하지만 마이크에 스쳐 소리가 나지 않도록 한다.

액세서리는 프로그램의 성격과도 조화를 이루어야 한다. 수십 년 만에 이산가족을 상봉하는 자리에 시청자도 출연자도 감격의 눈물을 흘릴 준비를 하고 있는데 출연자가 번쩍이는 귀고리·목걸이는 물론이고 반지도 서너 개씩 끼고 빨간 매니큐어를 하고 나오면 그 이질적인 모습이 보는 사람의 감동을 축소시켜버린다. 방송에 잘 보이고 싶은 욕망도 크고 오랜만에 만나는 혈육에게 초라한 모습을 보이기 싫은 마음도 있겠지만 수수한 차림이 오히려 시청자들의 공감과 진한 감동을 불러일으킬 수 있지 않을까 생각한다.

넥타이

넥타이는 그 주인의 성향, 개성을 그대로 말해준다고 할 수 있다. 시선을 분산시키지 않도록 파격적인 패턴은 피한다. 타이의 길이는 남자들이 보통 길게 매는 경향이 있는데 벨트버클 중간에 오는 것이 적당하며 그 위로 올라가거나 내려가게 해선 안 된다.

재보선에 당선된 어느 국회의원은 반쪽짜리 의원이라는 꼬리표를 떼고 지지도와 인지도를 높이기 위해 TV 카메라만 쫓아다녔는데 언제 카메라에 잡힐지 몰라 소위 '화면발' 잘 받는 야한 넥타이를 수십 개

구입하는 등 많은 노력을 했다고 한다. '야한 넥타이'란 이런 것이라고 정의할 수는 없지만, 일단 색상 자체가 다소 원색적이고 평이하지 않은 문양과 무늬를 의미할 것이다. 흔히 나이가 들수록 밝고 선명한 색상으로 젊음을 찾는 것이 좋다. 과거 대선 후보들은 공통적으로 파란 계열의 넥타이를 선호했는데 파란 톤은 힘이 있어 보이고 신뢰를 느끼게 한다. 반면 핑크 계열은 로맨틱한 분위기를 연출할 수 있다.

요즘 TV 뉴스에 비치는 정치인들의 의상을 보면 대통령을 비롯해서 대체로 선명하고 밝은 빨강이나 파랑 계통의 단색 넥타이, 혹은 굵은 줄무늬를 많이 볼 수 있다. 회색 등 중간색 바탕에 역시 포인트 없는 중간색 무늬, 복잡하고 자잘한 무늬, 불규칙한 줄무늬는 사실상 TV 카메라를 통해 살아나지 못하는 색상과 디자인이다. 양복과 넥타이가 같은 색상이기보다는 넥타이는 대조적으로 눈에 띄는 색상일 때 강한 이미지를 줄 수 있다.

남자들의 양복 차림에서 몇 가지 주의해야 할 점들이 있다. 양복 단추는 보통 두 개이거나 세 개다. 두 개일 때는 아래 단추만 잠그고 세 개일 때는 가운데 단추만 잠그는 것이 세련되어 보인다. 세 개 단추를 다 잠그면 답답해 보이고 고지식해 보인다. 넥타이 핀(pin)을 한 경우 단추를 잠갔을 때도 핀이 보이도록 위치를 조절한다. 와이셔츠의 목둘레는 손가락 하나 정도 들어갈 여유가 있는 것이 적당하다. 목이 너무 커 느슨해도 안 되며, 목이 조여 갑갑하다고 해서 단추를 풀어서도 안 된다. 양말은 바지의 색상보다 짙은 색상을 신어야 한다. 또 검정 구두를 신었다면 검정 양말이 무난하다. 양복 차림에 깨끗해 보인다고 하얀 양말을 신는 것은 삼가야 한다.

셔츠 칼라

셔츠를 고를 때 칼라의 모양이 얼굴형에 맞도록 선택한다. 마르고 긴 얼굴에는 길고 폭이 좁은 칼라보다 조금 넓은 칼라의 셔츠를 입어야 균형감을 줄 수 있다. 목이 긴 사람은 칼라밴드의 높이가 많이 올라간 셔츠를 입는 것이 좋으며, 반대로 목이 짧은 사람은 칼라밴드의 높이가 낮은 셔츠를 입는 것이 좋다. 둥근 얼굴은 둥근 칼라를 피하고 중간 이상 길이에 폭이 좁은 칼라가 어울린다.

스카프와 벨트

스카프는 거의 모든 여성의 옷장에 한두 장씩은 있다. 스카프를 매는 여러 가지 방법으로 같은 옷도 다양하게 연출할 수 있다. 벨트도 옷을 통일시켜준다. 다만 캐주얼한 의상에 맞는 벨트와 정장에 어울리는 벨트를 뒤바꿔 사용하지 않도록 한다.

안경

안경은 기본적으로 조명에 반사될 염려가 있으므로 되도록 착용하지 않는 것이 좋다. 그래서 요즘은 미적인 측면까지 고려해 색 있는 콘택트 렌즈를 끼거나, 방송인 중에도 상당수가 시력회복을 위한 라식수술 등을 하고 있다.

향수

옷차림의 마무리는 아마도 향수가 아닐까 생각한다. 물론 향수는 여자들이 즐겨 사용하지만 남자들을 위한 전용 콜론(cologne)도 있다. 남자든 여자든 향이 너무 강하면 좋지 않다. 상대방이 냄새에 취해 머리가 아플 지경이면 곤란하다. 자신의 분위기에 어울리는 향을 뿌린 듯 만 듯 은은해야 좋다. 향수 냄새가 땀 냄새나 담배 냄새에 섞이면 그건 곧 악취와 같다는 것을 잊지 말아야 한다.

술을 좋아하는 남자 아나운서가 밤늦도록 술을 마시고 다음 날 새벽 TV 뉴스를 하게 되었다. 늦잠을 잔 데다 어차피 스튜디오 데스크에 앉으면 바스트샷(bust shot)만 잡힐 테니 별문제 없을 것이라고 생각해 상의만 정장 차림을 하고 아래는 사각팬티 차림 그대로 방송을 했다. 방송을 하는 동안 자신이 팬티 바람이라는 것을 어느새 망각한 그는 뉴스가 끝나자 이내 자리에서 천천히 일어났다. 카메라는 여전히 앵커 샷을 잡고 있는 채였다.

'한국의 카네기'로 유명한 포항제철의 박태준 회장은 자민련 총재 시절 선명한 빨강 바탕에 토끼나 거북이 문양이 있는 독특한 디자인의 넥타이를 즐겨 맸다. 그리고 커프스(cuff) 단추로 보석 캣츠아이(cat's eye: 빛에 반사되면 영락없는 고양이 눈처럼 생긴 줄이 보인다)를 애용했는데, 그것은 과거에 포항제철 완공의 수훈으로 박정희 대통령으로부터 하사받은 것이라고 한다. 한 가지 보석을 수십 년 동안 싫증내지 않고 애용한다는 것이 인상적이었다. 또 항상 똑같은 향수를 썼는데 그의 손길이 닿은 곳에선 어김없이 그 향이 날 정도로 강하고 오래 지속됐다. 하지만 고급 향수인 때문인지 역하지 않고 깨끗한 느낌이었다. 이름이 뭐라더라……?

카메라는 대중의 눈과 귀

5장 대중 앞에서 말하기
6장 방송에서 쓰는 말들 알기

5장 대중 앞에서 말하기

　육아에서부터 의학, 성교육, 혹은 요리, 다이어트 요법, 심지어 줄넘기 등 한 분야의 전문가로서, 혹은 경험자로서 텔레비전 방송에서 특강을 하게 되는 경우가 있다. 또 정치인들은 선거를 앞두고 TV 연설을 한다. 일반적으로 연설을 할 때 생각해야 할 원칙은 대화하듯 자연스러워야 한다는 것이다. 연설은 드라마 연기나 오락 프로그램의 쇼가 아니며, 일상적인 커뮤니케이션의 한 형태라고 볼 수 있다. 그러므로 목소리를 과장할 필요도 없으며 연기를 할 필요도 없다. 다만 일 대 일 대화와는 다르므로 대상이 많고 장소가 넓으면 목소리가 그만큼 커야 하고 힘이 있어야 한다. 그러나 방송연설의 경우는 방음이 잘된 스튜디오에서 소수 방청객을 코앞에 두고 하게 되므로 그다지 목청을 높일 필요는 없다. 단, 목소리에 힘은 실어야 한다. 연설을 대화처럼 자연스럽게 하기 위해서는 과장된 웅변조나 독특한 목회자의 설교조, 초등학생이 책을 읽는 듯한 낭독조, 또는 어린이를 대상으로 하는 동화구연조는 삼가야 한다. 자연스런 연설은 대화와 비슷한 억양과 강세, 속도를 유지하는 것이다. 일상대화에서처럼 목소리를 사용해야 청중도 자연스런 분위기 속에서 열중할 수 있다. 목소리를 사용하는 데 가장 주의할 점은 단조로움을 피해야 하는 것이다. 말의 완급이나 강약, 고저, 장단, 잠깐 쉬기(pause) 등에 변화가 없으면 메시지 전달에 효과적일 수 없다. 특별히 강조할 부분에서 이 같은 말의 변화를 주면서 자기만의 테크닉을 개발하는 것이 좋다.

보통, 말을 하다가 강조해야 할 부분에 이르면 짧은 침묵으로 간격을 두어 청중의 주의를 끌 수 있다. 이때 표정을 진지하게 바꾼다든가 주의를 끌 만한 어떤 제스처를 함께 쓰는 것도 좋다. 말의 속도를 갑자기 천천히 하거나, 보통으로 하던 목소리를 크게 한다든가 아니면 갑자기 톤을 낮추는 것도 방법이다. 말을 똑똑 끊어 강조할 수도 있다. 카메라를 의식하지 않고 스튜디오 방청객을 보며 말하다가 가끔씩 카메라를 정면으로 쳐다보는 것도 중요한 메시지를 전달할 때 큰 효과가 있다.

카메라를 바라보는 시선의 각도에 따라서도 이미지의 강약이 다르다. 정면을 바라볼수록 이미지가 강하다. 즉, 90° 옆모습, 45° 측면, 정면순으로 이미지의 강도가 높아진다. 방송에서는 원칙적으로 뒷모습을 보이지 않는다. 일례로 드라마에서 자주 등장하는 식사장면을 보면 자리가 남아도 출연자들의 뒷모습을 보이지 않게 앉는 것을 알 수 있다. 그것은 시청자에 대한 예의라고 볼 수 있다.

미국의 유명한 방송 진행자 래리 킹(Larry King)은 연설을 하면서 메시지를 효과적으로 전달하기 위한 방법들을 다음과 같이 제시하고 있다.12)

첫째, 알고 있는 것을 말한다. 잘 모르는 주제에 관해 말을 한다면 실수하지 않을 수 없다. 또 더 많은 것을 알고 있는 청중들은 지루해한다. 주제에 관해 꿰고 있지 못하면 자연히 행동도 어색할 수밖에 없다. 따라서 알고 있는 주제에 관해 말하든지 광범위한 주제를 개인적 차

---

12) Larry King, *How to Talk to Anyone, Anytime, Anywhere*, Three Rivers Press, 1994.

원으로 접근하는 것이 좋다. 즉 귀동냥한 짧은 지식보다는 자신이 직접 보고 느낀 경험에 대해 말한다면 스스로도 편할 것이며 청중들도 흥미로워할 것이다.

둘째, 항상 준비한다. 잘 알고 있는 주제라도 생각을 쉽게 정리해야 효율적이다. 이미 다루었던 주제가 아닐 경우 준비는 더더욱 중요하다. 우선 연설 원고를 작성한다. 그리고 충분히 읽는 연습을 한다. 그래야 원고에 의존하지 않고 청중을 자주 쳐다볼 수 있다. 또 연설 내용을 간단히 메모할 수도 있다. 그러면 원고를 의식하지 않아도 되어 더 즉흥적일 수 있다. 그 다음 거울 앞에서 혹은 동료나 가족을 앞에 두고 리허설을 한다. 리허설을 하면서 시간을 적절히 배분할 수 있다.

셋째, 시선처리의 요령이다. 말하는 내용도 중요하겠지만 연설을 하는 동안 청중을 수시로 쳐다본다. 원고를 잠깐씩 들여다보고 눈을 들어 정면의 벽을 본다거나 옆 창문을 바라보아선 안 된다. 반드시 청중을 바라보되 편향되지 않게 골고루 시선을 준다. 그래서 모든 사람이 자기에게 말하고 있다고 느끼게 해야 한다.

넷째, 속도와 억양의 변화도 중요하다. 하고 싶은 말, 강조할 부분은 원고에 미리 표시를 해두고 그 부분에 이르러서 말의 속도와 억양을 변화시킴으로써 주의를 집중시킨다. 중요한 대목을 단조로운 억양으로 말해선 안 된다.

다섯 번째, 똑바른 자세를 유지해야 한다. 탁자에 구부리고 서면 호흡을 방해하고 모습도 눈에 거슬린다. 마이크가 앞에 있을 경우 자기 키에 맞춰야지 마이크에 몸을 수그려 맞추려해선 안 된다. 마이크에 대고 말할 땐 평소 하던 목소리 크기로 한다. 일부러 크게 말하면 듣기에도 힘들다. 또 마이크가 적용되는 반경에서 벗어나지 않도록 한다. 너무 좌우로 자주 고개를 돌리면 전달력이 크게 떨어진다.

여섯 번째, 유머가 있으면 좋다. 진지한 주제라도 짤막한 유머는 언제든지 청중들에게 환영받는다. 그러나 미리 "농담 한마디 하겠습니다"라든가, "오늘 오는 길에 우스운 일이 있었습니다", "아주 재미있는 얘기가 있습니다. 정말 재미있는 얘깁니다", 혹은 "이런 얘기가 생각납니다. 어쩌면 이미 알고 계실지도 모르겠습니다만"이라는 말로 시작하는 것은 좋지 않다. 너무 상투적인 표현일 수 있으며 효과를 반감시키는 표현이다. 그것은 오히려 청중을 실망시킬 수 있고 오히려 썰렁한 분위기를 만들기 십상이다. 기대하지 않고 듣다가 우스갯소리가 나오면 더 큰 웃음을 자아낼 수 있는 것이다. 한마디 농담으로 청중을 웃기고, 그 웃음이 가라앉고 난 후에는 반드시 그 내용을 말하려는 요지와 연결시켜야 한다. 그래야 하려는 말을 강조하고 청중의 이해를 도울 수 있는 것이다.

유머가 전혀 없는 사람의 시종 진지한 강의를 한 시간 가량 가만히 앉아 들어야 한다면 그것은 고문에 가깝다. 방송에서 몇 차례 강의를 하고 인기를 얻어 명사가 되는 사람들을 보면 대부분 웃음을 자아내는 독특한 억양이나 음성, 제스처 등으로 인기몰이를 한다. 많은 사람들이 성대모사를 하거나 유행어를 만들기도 한다. 사실 몇 번 들으면 새로울 것 없는 뻔한 내용일 수 있다. 하지만 한두 마디 유머를 섞어 청중을 웃게도 진지하게도 만들며 강한 이미지와 메시지를 확실하게 전달하는 기술은 경험도 필요하지만 꾸준한 노력이 있었기에 가능한 것이다.

일곱 번째, 평이한 말로 한다. 유행어나 전문용어를 삼간다. 그래야 진실성 있게 들린다. 대중연설이란 대화를 약간 수정한 것일 뿐이다. 자연스러운 자신의 스타일로 말해야 청중이 이해하며 자기들에게 말하는 것으로 느낀다.

여덟 번째, 청중이 누구인지를 알아야 한다. 어떤 조직의 어떤 특성인지 상대를 파악하고 무엇을 듣고자 하며, 무엇에 흥미로워하는지 알아야 한다. 또 그들이 어떤 질문을 할 것인지도 예상해야 한다.

마지막으로 아홉 번째, 짧음의 미학이다. 대부분 어떤 모임에서건 장광설을 늘어놓은 다음 하는 말이 "두서없이 말을 길게 한 것 같습니다"라며 말을 마치는 사람을 쉽게 볼 수 있다. 할 말을 간단히 한다는 것은 쉽지 않다. 그러나 중요하다. 짧은 연설일수록 잘 기억되고 자주 인용된다. 링컨의 게티즈버그(Gettysburg) 연설은 5분을 넘지 않았고, 케네디의 취임연설은 15분이 채 넘지 않았다. 효과적으로 말할 수 있는 능력이 성공의 핵심인 것이다.

언어습관

사람은 누구나 개인의 언어습관이 있다. 사투리는 그렇다 치더라도 버릇처럼 잘 쓰는 어휘라든가 말꼬리를 흐리는 것도 습관이다. 예를 들면 어떤 사람은 상대방과 대화 중에 무슨 말을 하든 "아니, 그런데……"라고 시작한다. 그럴 의도가 없으면서 '아니'란 말로 상대의 말을 일단 부정하고 들어가는 것이므로 좋지 않은 언어습관이라고 할 수 있다. 상당수의 사람들이 거의 공통적으로 쓰는 무의미한 습관적 어휘들이 있다. "어떤 그……", "인제 그……", "마……", "소위" 등으로 말을 시작할 때 혹은 말이 막힐 때마다 무조건 나오는 말들이다. 습관성 어휘의 빈도가 높을 경우 청중은 내용은 듣지 않고 그 말이 몇 번 나오는지를 손가락을 꼽아가며 세기까지 한다. 김대중 전 대통령의 경우 뛰어난 달변가임에도 "에…… 말하자면"이란 말을 수시로 사용하며 노무현 대통령은 "……했습니다. 했고요"라고 말을 맺는 습관이 있어 개그맨들이 성대모사를 할 때 특징으로 사용하곤 한다. 이 외에도 접속사 "그리고", "그러니까" 또한 실제 어법과 상관없이 습관적으로 사용하는 사람들이 많다. '그러니까'도 음가대로 발음하지 않고 "긍까"로 축약 발음하는 것을 쉽게 들을 수 있다. 이런 개인 특유의 습관 외에 흔히 볼 수 있는 것이 긴장했을 때 무의식적으로 나오는 "음", "어" 하는 무의미한 소리들이다. 이런 모든 무의미한 말들(filler words)을 사용하면서 사람들은 다음 말을 생각하는 시간을 벌려고 하는 것이다.

습관이라는 것이 대개 그렇듯 부정적인 요소로 작용한다. 따라서 고치려는 노력이 필요하다. 1장에서도 언급했지만 우선 자기 스스로 자기 말에 귀를 기울여본다. 그래서 입에서 습관적으로 자주 튀어나오는 말이 무엇인지 살핀다. 말을 얼마나 자주 멈추고 시작하는지, 얼마나 자주 더듬거리는지, 또 말하는 도중 "음", "어"가 어떤 때 얼마나 자주 나오는지 주의 깊게 확인해본다. 둘째, 말하기 전에 먼저 생각한다. 쉽진 않겠지만 말을 하면서 다음 것을 생각하는 능력은 훈련이 가능하다. 불필요하고 무의미한 소리를 내지 말고 차라리 다음 말을 할 때까지 침묵을 지키는 것이 낫다. 셋째, 주변에서 누군가 모니터를 해주면 효과적이다. 보통 자녀들이 좋지 않은 언어습관이 있을 때 부모가 지적을 해주듯 습관적인 말이 나올 때마다 옆에서 주의를 환기시켜주면 처음엔 짜증스럽더라도 이내 고칠 수 있을 것이다. 끝으로, 말을 실수할 것을 너무 두려워하지 말라는 것이다. 아무리 달변가도, 아무리 뛰어난 방송인이라도 누구나 말실수는 할 수 있다. 한 번 실수했다고 당황하면 더 큰 실수를 하게 될 뿐이다. 서양 속담에 "실수를 하지 않는 사람은 아무것도 할 수 없다(He who never makes a mistake seldom makes anything else)"는 말처럼 누구나 시행착오를 겪으며 발전하는 것이다.

사람마다 쉽게 되지 않는 발음이 있다. 의학적으로는 설소대가 상대적으로 짧을 경우 'ㄹ, ㅅ, ㅆ, ㅈ' 등의 발음이 잘 안 된다고 한다. 이 같은 혀가 꼬이는 말(tongue twister)은 연달아 발음하기가 어렵다. 선천적인 요인이 있다 하더라도 혀의 훈련을 통해 정확한 발음을 해야 한다. 발음이 제대로 되지 않는 것은 혀가 게으르기(lazy tongue) 때문이다.

뉴스를 듣다 보면 아나운서마다 종결어미 '……습니다'의 '다'를 제각기 다르게 발음하는 것을 알 수 있다. 어떤 사람은 속삭이듯 발음하고, 어떤 사람은 무척 가식적으로 예쁘게 발음한다. 또 어떤 사람은 길게, 어떤 사람은 아주 짧게 발음한다. 그 소리에만 신경을 쓰다 보면 뉴스 내용은 전혀 들어오지 않고, 들을수록 점점 이상하게 들린다. 다큐멘터리 나레이션으로 목소리가 친숙한 K 아나운서는 뉴스도 깔끔했는데, 다만 '……습니다'의 '다' 발음이 항상 '더'와 '드'의 중간발음이었다. 뉴스를 마치고 나면 한 청취자가 득달같이 전화를 걸어 "그 소리가 귀에 거슬린다. 건방지게 들린다"라며 항의를 했다.

목소리

듣기에 좋은 목소리를 가졌다면 바랄 나위가 없겠지만 누구나 좋은 목소리를 타고나진 않는다. 방송을 직업으로 하는 사람 가운데도 그다지 좋지 않은 목소리를 가진 사람도 많다. 중요한 것은 역시 훈련이다. 나쁜 목소리가 좋게 변하면 성공적이겠으나 더 중요한 것은 부족한 점을 보완할 수 있는 기술이다. 목소리의 좋고 나쁜 것을 떠나 중요한 것은 메시지 전달을 어떻게 하느냐 하는 것이다. 기본적으로 너무 크지 않게 또 너무 느리지 않게 말하는 것이다. 천천히 말을 하면 마음도 차분해지고 여유가 생긴다. 평소 자기가 하는 말의 습관과 목소리를 잘 듣고 속도를 조절하는 연습을 하면 언제 방송에 출연하더라도, 혹은 대중 앞에 서더라도 성공적으로 설득력 있는 말을 할 수 있을 것이다. 스피치를 하기에 적합한 목소리는 무엇보다 확신에 찬 목소리여야 한다. 스스로가 하는 말을 믿고 있다는 느낌을 줄 수 있어야 한다. 말에 힘을 싣는다고 소리를 지르는 것이 아니라, 낮고 작게 말을 하더라도 힘이 있는 목소리여야 한다는 것이다. 선천적으로 약한 목소리를 타고난 사람은 몸을 똑바로 세우고 아랫배에 힘을 주면서 소리를 내는 훈련이 효과적이다. 발음도 분명해야 한다. 급하게 발음하거나 콧소리, 숨찬 소리로 발음하면 발음이 불분명해진다. 여유를 갖고 깊은 목소리로 침착하게 이야기하는 습관이 중요하다.

카리스마 있는 화법

사람들 앞에 나서 그들의 주의를 집중시키고 매료시킬 만큼 강한 힘을 발휘할 수 있는 사람은 뛰어난 커뮤니케이션 능력의 소유자일 것이다. 강한 메시지를 담아내면서 단점마저 무기로 쓸 수 있는 카리스마 넘치는 화법은 특히 정치지도자들에게 필요하다. 오래 기억되는 리더들의 훌륭한 화법들을 소개해본다.[13]

---

13) 제임스 흄스, 『링컨처럼 서서 처칠처럼 말하라』(이채진 역), 시아출판사, 2003.; ≪동아일보≫ "세상 바꾼 리더들의 남다른 화법", 2003. 10. 18.에서 재인용.

나폴레옹은 출정식에 앞서 병사들을 모아놓고 수십 초 동안 아무 말도 하지 않은 채 주위를 둘러보곤 했다고 한다. 그러면 병사들은 그 작은 키의 나폴레옹이 점점 커지는 듯한 느낌을 받았다는 것이다. 나폴레옹이 만들어낸 카리스마의 비결은 말보다는 침묵이었던 셈이다.

앞서 잠시 언급한 링컨의 경우, 미국 남북전쟁 당시 게티즈버그 전투의 희생자를 추모하기 위한 자리에 당대의 명연설가 에드워드 에버렛과 함께 연설을 했다. 오늘날 사람들이 기억하는 말은 두 시간에 걸친 에버렛의 연설이 아니라, 링컨이 한 짧은 연설 속의 "국민의, 국민에 의한, 국민을 위한 정부"라는 구절이다. 허스키한 목소리와 사투리를 고민하던 링컨은 이처럼 핵심을 찌르는 말로 국민의 동의를 이끌어내었다.

1940년 프랑스가 함락되고 영국만이 독일에 대항하던 때, 처칠은 라디오 연설에서 "우리는 해안에서 적들과 싸울 것이며, 상륙지에서 적들과 싸울 것이며, 도심과 구릉에서 적들과 싸울 것입니다. 우리는 절대 항복하지 않을 것입니다"라고 말했다. 이 연설을 듣고서 루스벨트 대통령은 영국에 군대를 파병하기로 결정을 했다고 한다. 처칠은 혀가 짧고 말을 더듬었지만 이처럼 적극적인 말과 자신감으로 국민을 설득하고 여론을 이끌 수 있었다.

처칠의 성공적인 연설에서도 볼 수 있듯이 훌륭한 연설가들은 운율과 대조법을 능란하게 구사한다. 케네디는 취임연설에서 "우리는 어떤 대가(price)라도 치르고(pay), 어떤 부담(burden)이라도 짊어질(bear)것입니다"라고 하며 두운(alliteration)을 맞춰 호소력을 높였다. 이처럼 배치(pose)를 바꾸고, 강약(pitch)을 조절하며, 쉬는 것(pause)을 적절히 하는 것은 연설화법의 최고의 전략이 될 수 있다.

1958년 미국의 재정적자가 10억 달러에 이르렀는데도 국민들이 그

위기를 실감하지 못했을 때, 아이젠하워 대통령은 연설에서 "1달러짜리 지폐로 10억 달러를 늘어놓으면 지구에서 달까지 왕복하고도 남습니다"라고 말했다. 10억 달러 적자에 대한 막연한 느낌을 수치를 이용함으로써 분명하게 전달한 것이다. 이처럼 통계수치를 이야기에 담아내는 기술도 메시지의 전달력을 높이는 데 효과가 크다.

1980년 미국 대통령 선거 초반 카터 대통령이 공화당의 레이건 후보를 앞서고 있었다. 텔레비전 토론이 시작되자 레이건은 질문을 던지기 시작했다. "4년 전보다 살림살이가 나아졌다고 느끼십니까? 그러면 카터 대통령에게 투표하십시오"라고 했다. 이후 상황은 반전되기 시작했다고 한다. 즉 상대의 의표를 찌르는 화법을 이용한 것이다. 문득 우리나라 16대 대선 당시 권영길 후보가 자주 했던 "여러분 행복하십니까? 살림살이 좀 나아지셨습니까?" 하는 말이 떠오른다. 비록 선거에서 패배하긴 했지만 오래도록 인구에 회자될 명대사가 아닐까 싶다.

6장 방송에서 쓰는 말들 알기

　최근 방송위원회 산하 방송언어특별위원회가 KBS 등 지상파 방송 3사와 케이블 뉴스채널 YTN의 주요 뉴스에 나타난 앵커와 기자들의 우리말 사용실태를 분석한 보고서를 통해 우리말 오용이 심각하다고 지적했다.[14] 분석결과 발음과 표현, 문장구성의 오류가 적잖으며 이로 인해 객관적 정보전달이 제대로 이뤄지지 않는 것이 가장 큰 문제로 나타났다고 밝혔다. 특위가 지적한 어법이 잘못된 비문(非文) 사례를 살펴본다.

- 전북 도민들은 강력 반발하고 나섰습니다.→전북 도민들은 강력하게 반발하고 있습니다.
- 비자발급을 받을 수 없게 됩니다.→비자를 받을 수 없게 됩니다.
- 안전망이 무너져 내렸습니다.→무너졌습니다.
- 새 특검법안이 국회 본회의를 통과했습니다.→국회 본회의에서 통과됐습니다.　　　　　　　　　　　　　　　　　　(KBS 뉴스9)
- 여행사에 대행을 시켜서 비자를 받아왔지만→여행사의 대행으로 비자를 받아왔지만
- 인터뷰도 받아야 합니다.→인터뷰에도 응해야 합니다.

---

14) 《동아일보》 "뉴스언어 문제 많다", 2003. 9. 3.

- 두세 배 넘는 돈이 드는 것은 어렵지 않다는 것→두세 배 넘는 돈이 더 들 수 있다는 것
- 인건비 부담이 커지고 부작용에 대한 우려도 적지 않습니다.→인건비 부담이 커지면서 부작용에 대한 우려도 많이 하고 있습니다.
  (MBC 뉴스데스크)
- 초복 특식 메뉴에 기대 반, 기쁨 반→긍정과 부정이 섞인 '-반 -반' 표현이 잘못 사용됨
  (SBS 8시 뉴스)

또 방송언어특위는 사투리 발음과 억양을 쓰는 기자들이 많다고 지적했다.

'애양'(애향)/ '으원'(의원)

이 밖에 외래어 사용도 지나치게 많으며 앵커나 기자의 발음과 강세, 끊어 읽기 등에도 문제가 많았다면서 "각 방송사가 뉴스 보도시 원칙적이고 엄격한 국어 기준을 적용하여 시청자의 바른 언어생활을 유도해줄 것과 국어 전문 데스크 강화와 기자 재교육 실시를 최우선으로 해줄 것" 등을 요구했다. 사실 1980년대 이전까지는 방송에서 사투리를 쓴다는 것, 아니 사투리를 쓰는 사람이 방송을 한다는 것은 생각하기 어려운 일이었다. 그러던 것이, 오히려 자연스럽게 들린다는 분위기를 타고 메인뉴스 앵커까지 사투리를 쓰는 등 사투리를 교정하려는 엄격한 노력을 소홀히 하였다. 지금도 뉴스를 보면 사투리를 그대로 쓰는 기자들뿐 아니라 심지어 혀 짧은 소리로 발음이 제대로 안 되는 기자도 자주 등장한다. 그 심각성을 생각하는 데스크도 없는 듯하다. 방송의 기본가치를 다시 한번 생각해야 할 것이다.

방송언어

방송매체를 통해 전달되는 언어가 기본적으로 지녀야 할 특성들이 있다.15)

첫째, 표준말이어야 한다. 보편적으로 사용되고 교육적 성격을 충족하는 표준어여야 한다.

둘째, 품위가 있어야 한다. 바르고 고운 말, 교양 있고 순화된 말이어야 한다.

셋째, 알아듣기 쉽고 분명해야 한다. 방송은 활자매체인 신문과 달리 일방적이고 일회성 언어이기 때문에 이해하기 쉬운 말이어야 하는 것이다.

넷째, 자연스러워야 한다. 문장어가 아닌 구두어로서 일상생활에서 말하듯 자연스러워야 한다.

여기에 한 가지 특성을 덧붙인다면 방송언어는 정확한 말이어야 한다. 공정성과 공익성을 지녀야 하고 사실에 부합하는, 편향되지 않은 표현을 써야 한다.

방송언어는 음성을 주체로 하기 때문에 문자언어와 크게 다르지만, 또 한편 같은 음성을 주체로 하는 일상의 말과는 차이가 있다. 방송원고를 통해 방송되는 방송언어, 달리 말해 방송문장의 표준이 되는 것은 뉴스 기사 문장이라 할 수 있다. 방송문장에서 주의해야 할 사항들도 많다. 우선 방송문장의 문체는 회화체로 한다. 읽기 위한 것이 아닌 듣기 위한 것이므로 구어체·회화체의 문장이어야 한다.

둘째, 방송문장은 간결하고 단순해야 한다. 특히 보도문장은 간결하고(concise), 정확하고(correct), 명료해야(clear) 한다. 가장 아름다운 글쓰

---

15) 박갑수, 『한국방송언어론』, 집문당, 1998, 87쪽에서 재인용.

기란 가장 단순하게 쓰는 것(The finest writing is the simplest writing)이란 말이 있다. 문장이 짜임새 있고, 문장구조가 분명하며, 길이가 적당해야(compact, definite in structure, moderate in length) 한다는 의미이다. 한 문장의 길이는 플레시(R. Flesh)의 가설에 의하면 17개 단어 이하가 되어야 읽기가 가능하다고 한다.16)

단 어	이해도
8 이하	매우 쉬움
11	쉬움
14	약간 쉬움
17	보통
21	약간 어려움
25	어려움
29 이상	매우 어려움

방송문장은 일과성을 지니므로 신문문장에 비해 짧은 것이 원칙이다. TV 뉴스 문장의 길이는 50자 전후가 적당하다고 알려져 있다. 그러나 실제 일본이나 우리나라나 방송문장의 길이가 각각 74자, 74.6자 정도로 바람직하지 못하다. 한편, 말의 속도는 방송 프로그램의 종류나 성격에 따라, 즉 보도나 교양 및 교육, 연예 오락 프로그램에 따라 말의 속도도 달라야 한다. 일반 뉴스의 경우 1분에 300자 정도를 읽는 속도가 적당하다고 보고 있다. 어린이 뉴스라면 이보다 느리게 1분에 약 250자가 알맞다.

셋째, 방송문장은 문장의 성분이 호응되어야 한다. 주어와 술어의 사이에 많은 성분을 끼어들게 하지 않으며 수식어와 피수식어도 거리를 멀리 떨어뜨리지 않는다. 이것이 제대로 되지 않을 경우 문장의 의

---

16) J. Blankenship, *A Sense of Style*, Dickenson Pub. Co., 1968, p.98.; 박갑수, 앞의 책, 130쪽 참고.

미 파악이 어려워진다.

넷째, 방송에서는 진부한 문구나 지나친 수식을 하지 않는 담담한 문체(sparse writing style)를 사용한다.17)

다섯째, 어순은 정치법을 쓴다. 도치법을 가능하면 피하고 문장성분의 순서를 정상으로 한다.

여섯째, 조사 및 어미를 생략하지 않는다. 생략하면 자칫 딱딱하고 한문 조의 어려운 글이 되기 쉽다.

일곱째, 문장의 시제는 현재형을 쓴다. 현재 시제는 뉴스의 긴급성을 강조하여 기사에 생기를 불어넣을 수 있다.

여덟째, 피동형이 아닌 능동형으로 쓴다. 피동형에 비해 능동형이 설득력이 있다. 요즘 방송에서 피동형을 남용해 번역문의 느낌을 주면서 우리말답지 않은 경우가 많다.

아홉째, 방송문장은 축약을 사용한다. 자연스럽고 회화적인 음성으로 표현하기 위해 문어적 어미를 구어적 어미로 축약할 수 있다. 예를 들면, '최선을 다해(다하여)', '발표했습니다(하였습니다)' 등이다.

열째, 숫자를 표기하는 데 있어 정확한 수를 필요로 하지 않는 한 숫자는 개괄적으로 쓰거나 사사오입한다. 표기할 때도 읽기 편하도록 단위 수를 나타내준다.

예: 3만 5,600여 명

만 단위 이하에서는 '일만'도 '만'으로 읽는다(14,650: 만 사천육백오십).

억이 넘으면 '일억'은 '억'이 아닌 '일억'으로 읽는다.

그 외, 57세는 '쉰일곱 살' 혹은 '오십칠 세'로 읽는다.

---

17) Ted White et al., *Broadcast News Writing, Reporting and Production*, Macmillan Pub. Co., 1984, p.63.; 한국방송공사, 『KBS 한국 표준방송언어』, 한국방송공사, 1985에서 재인용.

7시 30분을 '일곱 시 반'으로 읽으면 정확성이 떨어진다.

전화번호 902-1615에서 '-'는 '의'로 읽고 '0'은 '공'이 아닌 '영'으로 읽는다.

이 외에도 방송에서는 외설적인 말이나 남을 모독하는 말, 지나친 유행어를 쓰지 않는다. 또 특정 이익집단이나 특정 상품을 선전하는 인상을 주어선 안 된다.

일본 NHK종합방송문화연구소에서 낸 『방송용어론』에는 바람직한 방송문장을 다음과 같이 정의하고 있다.

① 긴 문장을 피한다.
② 주어와 술어의 대응을 분명히 한다.
③ 긴 수식어를 피한다. 진부한 문구나 지나친 수식은 정보전달에 장애가 된다.
④ 어순에 주의한다. 도치법을 피하고, 수식어와 피수식어를 가까이 놓아 의미상 혼란이 일지 않게 한다.
⑤ 지시어의 사용법에 주의한다.
⑥ '으로/에/을/은' 등 조사 및 어미를 생략하지 않는다. 이를 생략하면 문장이 딱딱하고 한문 조가 되어 이해하기 어려운 문장이 된다.
⑦ 연용중지법을 피한다. 즉 동사의 연결형으로 문장을 중지하지 않고 종결어미를 사용해 문장을 마친다.

또 『방송용어론』에는 바람직한 방송을 위한 어휘선택의 규범 내지 기준을 제시하고 있다. 우선 이해를 돕는 측면에서 볼 때 방송어휘는 다음과 같아야 한다.

① 어려운 한자어를 피한다.

② 어려운 말에는 설명을 붙인다. 신조어나 약어 등은 풀이해준다(예: WMD=대량살상무기/ WTO=국제무역기구/ CMA=어음관리구좌). 머릿글자음(acronym)인 경우도 통상적으로 약속한 발음을 읽고 풀어주어야 한다. 즉, '나이스(NEIS) 교육행정정보시스템'으로 읽는다. 예전에 어느 아나운서는 'LA 올림픽'을 '라 올림픽'이라고 읽어 주위 사람을 놀라게 했다. 머릿글자음을 너무 의식한 때문이 아니었는지 모르겠다.
③ 동음어·유음어에 주의한다(예: 방화(放火)/방화(防火), 신문/심문).
④ 말의 변화에는 약간 보수적인 자세를 취한다. 말이란 시대의 흐름에 따라 끊임없이 변하지만 방송에서는 이를 즉각적으로 수용할 것이 아니라, 말이 정착되어 공통어가 될 때까지 보수성을 지니는 것이 바람직하다.
⑤ 공통성이 높은 말을 고른다. 방송은 불특정 다수를 상대하는 것이므로 표준어 또는 공통성이 높은 공통어를 쓴다.
⑥ 일상의 언어에서 벗어나는 경우도 있다. 예를 들면 일상생활에서 흔히 사용하는 척관법은 미터법으로 나타내야 옳다.
⑦ 약어는 가능하면 피한다(예: 국감→국정감사).
⑧ 문어 조, 한문 조, 번역 조를 피한다.
⑨ 피동형을 남용하지 않는다.
⑩ 알기 어려운 외래어는 가능하면 피한다.
⑪ 외래어도 국어의 일부로 생각한다. 국어로 귀화한 외래어, 국어로 대치할 수 없는 외래어는 국어의 일부로 생각하고 사용해도 무방하다.
⑫ 외래어, 외국 지명·인명의 발음표기는 가능한 한 통일한다.

그런데 우리 사회에서 외래어도 아닌 외국어를 상용하는 경향이 많아 자주 문제로 지적되고 있다. 최근에는 청와대 비서실이 외국어를 남발하는 '우리말 훼방꾼' 후보에 올랐다. '우리말 살리는 겨레모임'은 1998년부터 해마다 한글날에 맞춰 우리말 지킴이와 우리말 훼방꾼을 선정해 발표하고 있는데, 우리말 훼방꾼 후보에 청와대 비서실이 올랐다는 것이다. 그 이유는 청와대 비서실이 '정책프로세서 개선', '국정모니터', '국정과제 태스크포스' 등의 표현을 항용 쓰고 있고, 비서관 등 비서실 직제명의 상당수를 외국어로 표기한 데다 '코드', '로드맵' 등의 외국어가 일상화된 데 일조했다는 것이다. 앞서 말했듯 말이란 끊임없이 시대에 따라 변하는 것이라 언젠가 이들 외국어도 외래어가 되어 국어의 일부처럼 될지도 모른다. 하지만 말의 변화는 좀더 신중하고 보수적으로 받아들이면서 우리말을 지키고 보호해야 할 것이다.

어감적인 측면에서 바람직한 어휘를 선택하는 기준도 있다.

① 아름다운 말을 쓴다.
② 바른 말을 쓴다.
③ 말의 동요를 인정한다. 시대에 따라 말의 발음, 형태, 어법, 표기 등 언어 전반에 걸쳐 변화가 나타난다. 정보전달에 장애가 되지 않는 한 표현에 변화를 주는 것이 방송언어를 풍성하게 하는 방법이 되기도 한다(예: 손목시계/팔목시계, 신/신발).
④ 속어적인 뉘앙스를 피한다.
⑤ 억지로 떠맡기는 표현을 피한다(예: 참고가 되시기 바랍니다, ……들으시겠습니다).
⑥ 관용표현을 피한다. 낡아빠진 상투어를 피하도록 한다.
⑦ 경어에 주의한다. 과도한 존경어의 사용은 삼가는 게 좋다(예: 어린이 한 분을 모셔보겠습니다).
⑧ 방언은 존중하나 신중하게 쓴다.

방송언어 실태

문법적 오용

① 조사 오용

어떻게 만들어 보겠다라고(고) 생각하셨습니까

우승했다라는(는) 사실이 놀라워

북한에게도(에도) 유출됐다

고려대는 한양대에(를) 4대 3으로 이겼다

악기가 하나뿐이(밖에) 없다

② 활용어미의 오용

건강하십시오(하시기 바랍니다)

가만히 있거라(있어라)

밥을 못 먹냐(느냐)

괜찮으네요(괜찮네요)

좋으네요(좋네요)

고마와(워): '도와', '고와' 외에는 '-워'가 맞다.

어렵지 않는(않은) 것

잘 날으다(날다)

그러길래(그러기에)

높기(높게) 마련

서슴치(서슴지) 않다

③ 사역형의 오용

상임위를 가동시킬(할) 예정이다

소개시켜(해)주다

지속시키다(하다)

성립시키다(하다)

④ 시제의 오용

많은 시청 바라겠습니다(바랍니다)

이유가 되지 않고 있습니다(않습니다)

아직 도착하지 않고 있습니다(하지 않았습니다)

강우량이 얼마 안 되고 있습니다(안 됩니다)

멀리 일출봉이 보이고 있습니다(보입니다)

⑤ 존대법의 오용

두 아들이 계시다(있다)

회장님 말씀이 계시겠습니다(있겠습니다)

존대가 지나치거나 뒤바뀐 경우이다. 쇼핑채널의 쇼 호스트들은 "오늘 만나보실 수 있으시겠습니다"라는 말을 상투적으로 쓰고 있다. 이중 삼중으로 존대를 하는 것도 어법상 부적절하다. 이 경우 존대는 마지막 어구에만 붙이면 된다. 또 호칭문제에 있어서 방송에서 흔히 들을 수 있는 말이 '주부님'이란 말이다. 아니면 '어머니'나 '어머님'이라고 부른다. 이것은 부적절한 존대법이며 '주부님'이 아닌 '주부'로, 그리고 '어머님'이 아닌 '부인'으로 부르는 것이 옳다.

⑥ 주술호응

천둥번개가 치다(천둥이 울고 번개가 치다/ 천둥 번개를 동반하다)

좋은 하루 되십시오(보내십시오)

편안한 밤 되시기(보내시기) 바랍니다

⑦ 보술구성

편안한 밤 되시기(보내시기/즐기시기/가지시기) 바랍니다

소나기가 예상됩니다(소나기가 내릴 것으로 예상됩니다)

⑧ 수식구성

늘어날 전망입니다(늘어날 것으로 전망됩니다)

나름대로 (그 나름대로) 발전했다

때문에(이 때문에)

⑨ 객술구성

힘 있는 나라가 될 것을(되기를) 염원한다

시청자의 사랑을 받을 것을(받기로/받자고) 다짐한다

⑩ 접속구성

흐리면서(흐리고) 비가 조금 내리겠다

⑪ 번역문체(피동형)

전국의 관심이 모여지고 있다

여유 있는 경기라고 보여집니다

우리로 하여금 웃지 않을 수 없게 한다

⑫ 문장의 의미호응

결실이(열매가) 맺어졌으면 하는 바램(바람)입니다

팔을(소매를) 걷어붙이고 나섰다

너무너무 좋은 거 같아요(참 좋아요)

유감을(유감의 뜻을) 표하다

고마운(고맙다는) 말씀드립니다

방송이 고르지 못했던 점 양해 있으시기(양해해 주시기) 바랍니다

전체적인 문맥으로도 호응이 이루어지지 않는 단어들을 남발하는 경우가 많다. 예를 들어 "날카로운 눈매에도 불구하고 진지함과 과묵함이 풍겨 나오는……"이란 말에서 '불구하고'란 말은 적합하지 않은 단어로 문맥을 어색하게 만들고 있다.

비슷한 말의 오용

기차값(기차요금)
보통 지도와 틀리다(다르다)
미각을 돋굴(돋울) 것 같다
이 시간(시각) 현재
북한에게(에) 항의하다
햇빛이(햇볕이) 따갑다

기본 내용을 가리키다(가르치다)
재산을 늘이고자(늘리고자)
문제를 맞춘(맞힌)
감격으로 지샌(지새운) 밤
산딸기가 한참(한창) 익어가는 계절

개신형

오늘날의 표준어가 새롭게 변한 형태로 많은 방송인들이 개신형의 단어들을 쓰고 있다.
비 개인(갠) 아침
우리 집에 들리시다(들르시다)
삼가하다(삼가다)
설레이는(설레는) 가슴
으시시한(으스스한) 기분
찝게(집게)

칼치(갈치)

전통형

1988년 개정 이전의 형태를 쓰는 경우이다.
암케(암게)
깡총깡총(깡충깡충)
꼭둑각시(꼭두각시)
난장이(난쟁이)
상치(상추)
숫송아지(수송아지)

동의어 반복

가장 최고, 갑자기 돌변, 결론을 맺다, 결연을 맺다(결연하다), 과반수가 넘는, 그때 당시, 나머지 잔금, 범죄를 저지르다, 미리 예고하다, 시월 달, 십오일 날, 피해를 입다, 현안문제, 격세지감을 느끼다(맛보다), 느낀 소감, 늘 상주하다, 남은 여생, 배에 승선, 서로 상봉, 박수를 치다, 약 10만 명 가량, 저무는 세모

부적절한 말

곳곳에서 강물(강둑)이 터져
우수작 3명(편)
분위기가 있는(좋은) 카페

발음상의 문제

모음
① ㅔ - ㅐ
채질(체질)/ 화재(화제)/ 가개(가게)
② ㅐ - ㅔ
게선(개선)/ 데회(대회)/ 뜨네기(뜨내기)
③ ㅗ - ㅜ
그런가 부죠(그런가 보죠)/ 아직두(아직도)/ 그리구(그리고)
④ ㅡ - ㅓ
통털어서(통틀어서)/ 짐작할 수 있을런지(있을는지)/ 한 번이던 두 번이던 (이든)
⑤ ㅓ - ㅡ
어뜨케(어떻게)/ 스는(서는) 무대
⑥ ㅢ
진의(지니) 질의(지리) 민족의(민족에) 그간의(그간에): ㅢ 대신 ㅣ, ㅔ 발음 허용
으무화(의무화)/ 지방으회(의회)

자음
① 경음화
끄으름(그을음)/ 꼴프(골프)/ 생선까시(가시)/ 꺼꾸로(거꾸로)
따른(다른) 사람에 비해/ 딲으려고(닦으려고)/ 똥그라미(동그라미)
전화뻔호(번호)/ 쏘나기(소나기)/ 쏘주(소주)/ 쌩쥐(생쥐)/ 쑥맥(숙맥)
쪽쩨비(족제비)/ 쪼금씩(조금씩)/ 짜르다(자르다)/ 말짱난(말장난)

창꼬(창고)/ 창꾸(창구)/ 관껀(관건)/ 교꽈서(교과서)/ 인끼척(인기척)

간딴한(간단한)/ 양땀배(양담배)/ 보람뙨(보람된)/ 불뻡(불법)/불뼡(불볕)

화염뼝(화염병)/ 체쯩(체증)/ 양념짱(양념장)/ 우선쩍(우선적)

② 격음화

칼치(갈치)/ 톡특한(독특한)/ 폭팔(폭발)/ 서슴치(서슴지) 않고/

녹혀서(녹여서)/ 속을 썩히다(썩이다)

③ 유성음화(경음이나 격음으로 실현되어야 할 음이 유성음으로 바
  뀌는 현상)

들녘에→들녀게(들녀케)/ 끊기다→끈기다(끈키다)

깨끗하고→깨끄다고(깨끄타고)

답답한→답다반(답답판)

④ 연음법칙(연음이 제대로 되지 않고 잘못 발음되는 경향)

까닭은→까다근(까달근)/ 진흙으로→진흐그로(진흘그로)

숲으로→수브로(수프로)/ 값이→가비(갑시)

빛을→비슬(비츨)/ 젖에→저세(저제)/ 샅샅이→산싸시(산싸치)

끝을→끄츨(끄틀)/ 밭에서→바체서(바테서)/ 겉을→거츨(거틀)

⑤ 절음법칙

'ㄺ'의 대표음은 'ㄱ'이고 'ㄱ'이 올 때는 'ㄹ'로 발음한다.

밝다[박따, 박찌, 발꼬, 발께]

'ㄼ'의 대표음은 'ㄹ'이다.

넓다[널따]

단, '밟다'만은 [밥따]로 발음한다.

⑥ 음운(ㄴ, ㄹ) 첨가

촬녕(촬영)/ 삼 년승(연승)/ 천 이백녀 명(여 명)

기름을 발르고(바르고)/ 잘르세요(자르세요)/ 보낼려고(보내려고)

활룡(활용)/ 절략(절약)/ 불리익(불이익)/ 활략(활약)

때가 멀지(머지) 않았다/ 물고기를 잡자말자(잡자마자): ㄹ불규칙용언

⑦ 자음동화의 확대현상

낙가리(낟가리)/ 적가슴(젖가슴)/ 겅강(건강)/ 정국적으로(전국적으로)/ 항국(한국)

암보(안보)문제 점문가(전문가)/ 함미간(한미간)/ 험법(헌법)/ 5염패(연패)

접병(젖병)/ 촙불(촛불)/ 성거(선거)/ ……하게 됨 것이다(된 것이다)/ 정검(점검)

특히 요즘 젊은 사람들의 언어습관에서 가장 두드러지는 현상 중 하나라고 할 수 있다. 아나운서 지망생들을 지도하는 과정에서 필자도 경험한 바인데, 이는 혀가 게을러 쉽게 발음하려 하는 탓이다. 혀와 턱의 긴장을 풀고 혀의 움직임을 자유롭게 제때 움직여주어야 정확한 발음이 나온다.

⑧ 음운의 약화 탈락

대표적인 것이 'ㅎ'의 탈락이다.

과잉보오(보호)/ 고양(고향)소식/ 동애안(동해안)/ 위원와(위원회)

간혹 '회' 발음을 정확히 한다고 영어의 'f' 소리에 가깝게 발음하는 아나운서들이 있는데, 이것도 바람직하지 못하다.

음의 장단

성:인(聖:人)/ 화:재(火:災)/ 사:기(士:氣)/ 전기(電:氣)/ 전쟁(戰:爭)/ 예방(豫:防)

서:초동/ 어:른/ 주:택/ 최:근/ 단:신/ 조산(早:産)/ 소:형/ 중:과실/ 건:강

사:전(事:前)/ 모자라는 것을 보:충하고/ 경기를 벌:이다/ 가:장(假:裝)

요리(料理)/ 방지(防止)/ 현관(玄關)/ 과외(課外)/ 장기(長期)/ 수해(災害)/ 가전(家電)제품
노사(勞使)합의/ 소녀 가장(家長)/ 구청(區廳)
배달(配達)하는/ 구속(拘束)영장/ 고교(高敎)/ 수출가격(價格)/ 정상(頂上)/ 장인(匠人)정신/조세(租稅)/ 전통(傳統)

세련된 매너 익히기

7장 몸으로 말하기
8장 실례 보기: 정치인들의 이미지 메이킹

7장 몸으로 말하기

우리가 상대방에게 어떤 메시지를 전달하는 커뮤니케이션 과정은 언어적인 행위와 비언어적인 행위에 의해 이루어진다. 언어적 행위에 의한 커뮤니케이션은 음성행위로서 목소리의 크기, 속도, 억양 등 말 그대로 음성을 이용해 메시지를 전달하는 것이다. 이에 반해 비언어적 행위는 음성에 의한 메시지 전달행위 외의 다른 모든 메시지의 전달 행위이다. 비언어 커뮤니케이션 요소는 외모에서부터 손동작, 몸동작, 시선, 표정, 사람과 사람의 접촉이나 사람과 사람 사이의 공간까지도 포함된다. 이러한 요소들은 언어적 요소와는 다른 차원의 기능을 하며 언어적 요소가 표현하지 못하는 부분까지 전달할 수 있다.

특히 감정 표현의 경우는 <표 7-1>에서 볼 수 있듯이 비언어적 행위, 즉 신체언어의 표현이 일상 언어 표현보다 의사전달도가 높은 것으로 나타난다.[18] 또 신체언어와 언어 표현을 함께 사용했을 때 의사전달도가 크게 높아지는 것을 보아 비언어 커뮤니케이션 요소는 언어 커뮤니케이션을 보강하거나 수정해 의사소통을 더 명확하게 하는 기능을 한다는 사실을 알 수 있다. 아울러 불편한 메시지를 보내는 기능과 커뮤니케이션을 이끌어가는 분위기를 만들어주는 기능, 관계를 명

---

18) 김기배, 앞의 책, 96쪽.

〈표 7-1〉 신체언어와 일상 언어 표현의 의사전달 측정 결과

	신체언어	언어 표현	동작과 언어 표현
정보제공 행위	8%	23%	69%
청유 행위	27%	22%	51%
감정 표현 행위	31%	12%	57%
평가 행위	20%	18%	62%
지시 행위	4%	32%	54%

확하게 해주는 기능, 상호작용을 조절하는 기능, 그리고 사람들에게 영향을 주는 기능을 한다.[19]

비언어 커뮤니케이션의 요소

사람과 사람 사이의 커뮤니케이션 중 언어에 의한 커뮤니케이션은 약 30% 정도라고 한다. 결국 나머지는 비언어 행위에 의존하는 커뮤니케이션(nonverbal communication)이라고 해도 과언이 아니다. 비언어 커뮤니케이션의 가장 큰 부분은 외모에서 풍기는 이미지와 제스처라고 할 수 있다.

사람의 마음은 말을 하지 않더라도 의도적으로 감추려하지 않는 이상 무의식중에 그 사람의 몸짓이나 표정에 드러난다. 손의 움직임, 표정, 시선, 몸의 자세, 상대방과의 거리 등 비언어적 요소들을 주의 깊게 관찰하면 그 사람의 감정과 심리를 어렵지 않게 읽을 수 있을 것이다. 또한 이러한 비언어적 요소들은 좋은 이미지를 결정하는 요소, 즉 이미지 메이킹(image making)에 중요한 역할을 한다. 비언어 커뮤니케

---

[19] D. A. Infante, A. S. Rancer and D. F. Womanck, *Building Communication Theory*, 1990.; 탁진영, 『정치광고의 이해와 활용』, 커뮤니케이션북스, 1999, 131쪽에서 재인용.

이선에 주로 이용되는 요소들을 구체적으로 살펴보자.

외모

겉모습만 보고 사람을 평가하지 말라는 말이 있긴 하지만 상대방에 대해 잘 모를 때 일차적으로는 겉모습을 통해 전해지는 이미지로 그 사람을 판단하게 된다. 옷차림 등의 외모(appearance)를 통해 그 사람의 연령, 경제적 수준, 지위, 기호, 친밀도 등을 짐작하는 것이다. 외모는 그 사람의 공신력에도 영향을 미친다. 옷차림은 개인의 개성과 이미지를 보여주며 메시지를 전달해주는 중요한 비언어적인 요소 중 하나이다. 상대방이나 타인을 의식하고 예절을 강조하는 한국 사회는 공식적이고 형식적인 옷차림의 형태를 발전시켜왔다. 깔끔한 복장에 가지런한 모습은 신중하고 준비가 잘된 사람으로 평가받지만, 허술한 복장에 너저분한 차림이라면 경솔하고 제대로 준비가 안 된 사람으로 평가받는다. 상황에 맞춰 정중함으로 보일 필요가 있을 때는 정장으로, 소탈한 모습이 필요할 때는 그에 맞게 입는다. 어떤 상황이든 단정함을 원칙으로 하는 것이 좋다.

표정

얼굴 표정(facial expression)은 그 사람의 감정 상태와 태도를 반영한다. 즉 그 사람이 화가 나 있는지, 불안한지, 흥미가 있는지 없는지를 드러낸다. 표정의 변화는 주로 입 모양이나 눈썹 모양에서 나타난다.

일반적으로 스마일 라인(smile line), 즉 양 입 꼬리가 올라가면 호감형의 얼굴이고, 입 꼬리가 처져 있으면 비호감형의 얼굴이라고 간주한다. 경직된 표정은 그 사람이 긴장해 있음을 말해주고 벌개진 얼굴은 불안에 떨고 있음을 말해준다. 찡그린 얼굴은 매우 초조해하고 있다는 것을 느끼게 한다. 말을 시작할 때 가장 이상적인 표정은 정색을 하면서 약간의 미소를 띤 표정이다. 모나리자의 미소를 연상하면 좋을 것이다. 정색을 하는 것은 비교적 쉽지만 미소를 짓는 것은 쉽지 않으므로 의식적인 노력이 필요하다. 불안하고 초조하더라도 미소를 짓고 나면 한결 마음이 편안해지는 걸 느낄 것이다. 즐거운 이야기를 할 땐 즐거운 표정을, 진지한 얘기를 할 땐 진지한 표정을 지어야 하지만, 화난 표정이나 흥분된 표정은 삼가는 게 좋다. 말을 하다 실수를 했다고 쑥스러워하거나 무안한 표정을 짓는 것은 좋지 않다. 실수를 해도 별일 아닌 듯한 표정을 짓는 게 좋다. 좋은 표정을 만드는 것도 훈련이 필요하다. 입 주변의 근육을 풀어주기 위한 것이다.

- 양 손바닥을 비벼 열을 낸 다음 양 볼을 위로 당기듯 올려준다.
- 집게손가락으로 입 꼬리를 올렸다 놓기를 반복하면 근육이 기억을 하게 된다.
- 입에 나무젓가락을 충분히 물고 표정을 짓는다.

무엇보다도 중요한 것은 평소 밝은 생각으로 웃음을 생활화하는 것이다.

시선

표정에서 가장 중요한 요소는 눈으로 연출되는 눈빛 혹은 시선(eye contact)인데, 매우 다양하며 그 사람의 심리 상태를 잘 반영한다. 눈을 통해 모든 감정과 많은 메시지가 전달된다. 커뮤니케이션을 할 때 상대방을 응시하거나 외면하는 등 눈 위치나 눈 동작 또한 사회적인 규범에 따라 다르다. 서구 사람들은 대화하고 있는 상대의 눈을 쳐다본다. 그러나 동양에서는 지속적이고 직접적인 눈맞춤은 결례이므로 삼가도록 가르친다. 너무 빤히 쳐다보면 적대적이고 위협적인 표현이 될 수 있어 상대방에게 불쾌감과 반감을 일으킬 염려가 있는 것이다. 일본에서는, 아랫사람은 윗사람의 목이나 넥타이 매듭에 시선을 고정하도록 한다. 그리고 한국에서는, 지위가 다른 사람들 사이에 직접적인 눈맞춤은 경쟁을 뜻하며, 부적절한 행위로 간주된다. 이에 반해 대화할 때 상대방의 눈을 직접 쳐다보는 것이 당연한 대부분의 미국인들은 직접적인 눈맞춤을 피하는 사람은 부끄럼이 많고 주의가 산만하거나 진실하지 못한 사람이라고 여긴다.

외국 학생들을 대상으로 한 눈맞춤의 문화적 차이에 대한 한 연구를 보면 아랍인, 라틴아메리카인, 남부 유럽인들은 대화 상대방의 눈을 직접적으로 쳐다본 반면에, 아시아인, 인도인, 북유럽인들은 간접적인 눈맞춤을 보이는 것으로 나타났다.

상황에 따른 다양한 시선에는 눈으로 대화한다는 연인들의 시선이 있는가 하면 낯선 사람과의 어색한 시선도 있다. 시선을 마주치는 횟수가 많으면 호의를 갖고 사귀기를 원하는 뜻일 수 있고 횟수가 적으면 부정적인 태도로 대화를 빨리 끝내길 바라는 의미가 될 수 있다. 사람 심리상 상대의 얼굴에서 좀 특이하게 생겼다 싶은 곳에 저절로 눈이 가게 된다. 그러나 대화를 할 때는 눈을 보는 것이 원칙이고 상대방에 대한 예의이다. 또 사람의 눈동자도 관심이 있거나 흥미로운 것을 보면 커지고 보기 싫거나 시큰둥하면 눈동자가 작아진다고 한다.

　방송에서 눈을 깜빡이는 속도가 너무 느려도 의욕이 없고 졸린 표정으로 비칠 수 있다. 필자는 15대 대선 당시 김대중 후보 선거 캠프의 요청으로 방송토론을 대비한 시뮬레이션에 참석해 모니터를 한 적이 있다. 그때 후보가 눈을 한 번 깜빡이는 속도가 너무 느려 오랜 경륜과 지식에 반해 패기와 의욕이 떨어져 보인다고 지적했었다. 그 후에도 TV에 비친 김 대통령의 모습은 늘 지치고 피곤해 보였다. 사실 스튜디오의 밝은 조명 때문에 눈이 부셔 눈을 정상적으로 뜨기란 쉽지 않다. 그래서 눈이 큰 사람도 작게 보여 손해보는 경우가 많다. 따라서 의식적으로 눈을 크게 뜨려는 노력이 필요하다. 눈을 자주 깜박이거나 두리번거리면 시청자도 불안해진다. 말을 하고 있는 사람을 쳐다보지 않고 딴 짓을 하는 것은 상대에 대한 예의가 아니며 시청자도 불쾌감을 느끼게 된다. 카메라를 쳐다볼 경우에는 렌즈의 좌측이나 우측 가장자리를 바라보는 게 자연스럽다. 그러나 게스트로 출연한 경우는 굳이 카메라를 쳐다보려 할 필요가 없으며 사회자나 방청객을 바라보는 게 무난하다.

　연설을 하는 사람의 가장 바람직한 시선처리는 청중 개개인의 눈을 자연스럽게 쳐다보는 것이다. 시선을 골고루 옮기는 것이 좋으나, 그렇다고 고개를 이쪽저쪽으로 돌리는 것은 비효과적이다. 대화를 할 때 상대방의 눈을 쳐다보는 것이 부담스러우면 그 사람의 콧등이나 양미간을 보는 것이 무난하다. 연설을 할 때 청중을 똑바로 쳐다보는 것이 어색할 경우 청중의 머리 윗부분을 쳐다보는 것도 괜찮다. 고개는 정면으로 하면서 눈을 다른 방향으로 돌리는 것도 좋지 않다. 고개와 눈은 언제나 청중 쪽을 향해야 한다.

프롬프터

지금도 일부 시청자들은 앵커들이 뉴스를 진행하면서 원고를 다 외워서 하는 것으로 생각한다. 하지만 많은 사람들은 그들이 머리가 좋아 원고를 외우는 것이 아니라 프롬프터를 사용한다는 사실을 알고 있다. 미국의 경우 뉴스뿐 아니라 거의 모든 프로그램에서 프롬프터(TelePrompter)를 사용한다. 연기자들이 물론 대사를 암기해야 하지만, 뉴스나 해설, 연설을 하는 경우 원고에 의존하게 되면 부자연스러운 동작이 나올 수 있다. 이를 해소하기 위해 카메라에 편광 필터와 문자 디스플레이 모니터를 부착시켜 피사체는 카메라 렌즈로 투과되고 모니터에 나타난 원고 내용은 편광필터에 의해 굴절 반사됨과 동시에 디스플레이되도록 하는 것이다. 따라서 출연자가 카메라에서 시선을 떼지 않고도 자연스럽게 원고를 읽으며 프로그램을 진행할 수 있다. 컴퓨터 프로그램을 통해 만들어지는 텍스트는 읽기에 적당하게 글자 크기와 속도가 조절될 수 있다.

카메라를 보면서 프롬프터를 사용할 때 주의할 것은 카메라와의 거리이다. 카메라가 너무 가까우면 원고를 읽을 때 눈동자가 움직이는 것이 확연히 보인다. 눈동자가 계속 움직이면 시청자들의 주의를 흐트러뜨린다. 프롬프터를 사용한다 하더라도 원고 내용을 욀 만큼 충분히 숙지하고 있어야 하며 사전 리허설을 통해 프롬프터를 조작하는 사람과 속도 등을 조절하는 것이 좋다. 눈동자의 움직임을 적게 하기 위한 요령으로는 문장이나 줄이 바뀔 때 눈을 깜빡이면서 다음 어구를 보는 것이다. 또 프롬프터만 줄곧 볼 것이 아니라 잠깐씩 간격을 둘 때 테이블의 원고를 내려다보는 것도 자연스러운 동작이다. 이때도 물론 원고를 읽는 것이 아니라 말하듯 해야 한다. 모 방송의 시청자 모니터 프로그램에 한 여성단체를 대표해 출연한 여성은 눈동자가 바쁘게 움직여 프롬프터의 원고를 읽는 티가 역력했고, 그것도 읽기에 급급해 초등학생 국어책 읽는 투였다. 그 모습을 봐선 과연 TV 프로그램을 모니터할 만한 공신력 있는 단체이며 인물인가 의심이 가기까지 했다.

자세

목소리가 제대로 나오려면 바른 자세(posture)도 중요하다. 즉 가슴을 펴고 등을 꼿꼿이 세워야 호흡이 원활하며 자신감도 전달된다. 서 있을 때도 한쪽 다리에 무게 중심을 두지 말고 양다리로 중심을 버티고 선다. 미국인들은 전통적으로 서서 하는 토론이 정책대결에 가장 적합한 형식이라고 생각한다. 실제 연단에 선 자세일 때 집중이 더 잘되고 손을 자유롭게 쓸 수 있는 장점이 있다. 이때 청중의 시선은 탁자 아래 감춰졌던 다리에 모아진다. 선 자세에서 어깨가 한쪽으로 기울거나 허리가 구부정하고 다리를 떠는 등의 버릇은 좋지 않은 인상을 준다. 만일 장시간 서서 하는 대선 후보들의 TV 토론이라면 잔뜩 긴장한 상태에서 꼿꼿하게 견디기가 쉽지 않기 때문에 후보들의 건강 상태를 가늠해볼 수 있다.

여자의 경우 발 모양이 시계의 열 시 오 분이나 두 시 오 분 전을 가리키는 것이 보기 좋다. 손은 여성의 경우 오른손이 위로 가도록 하여 배꼽 아래 5센티미터쯤에 두는 것이 좋다. 앉은 자세는 의자에 너무 깊숙이 앉거나 의자 끝에 걸터앉는 자세는 좋지 않다. 알맞게 등을 등받이에 대고 똑바로 앉아야 한다. 턱은 내리고 시선은 정면을 보도록 한다.

인상학에서도 등을 세우고 어깨를 펴서 당당하게 걷는 사람은 언젠가는 수장의 자리에 오를 수 있는 사람으로 본다. 사채업자들 사이에는 구부정하게 기대앉은 사람에게는 돈을 빌려주지 않는다는 속설이 있다고 한다. 등을 펴고 얘기하는 사람은 당장은 주머니 사정이 급해도 언젠가 갚을 능력이 있지만, 자꾸 어딘가에 등을 기대는 사람에게는 별 미래가 없다고 본다는 것이다. 권위 있고 실력자일수록 등을 꼿꼿하게 세우고 걷는다. 여성들도 스스로 격조가 있다고 생각하는 사람들은 반듯하게 걷는다. 굽은 등과 반듯한 등에 대한 인상학적 해석은 시대가 달라지면서 바뀌었다. 예전에는 나이가 들면 '꼬부랑 할머니'가 되는 것이 자손들에게 좋은 일이라고 생각했다. 고목은 구부러지고 쓰러져 새 생명이 잘 자랄 수 있도록 거름이 되어야 한다는 자연의 순환법칙을 그대로 적용한 것이다. 그러나 지금은 노인이라도 굽은 등을 좋게 보지 않는다. 그만큼 나이가 들어서도 자식들에게 기대지 않고 자기 힘으로 살아가며 자식들을 분가시키는 사람들이 많다.

등을 펴서 좋은 자세를 만드는 방법은 무조건 등이나 어깨에 힘을 주는 것이 아니다. 시선을 먼 곳에 두면 등은 자연히 펴지게 된다. 시선을 멀리 두면 생각도 움츠러들지 않고 폭이 넓어진다. 평소 벽에 등을 대고 양어깨가 벽에 붙도록 훈련하는 것이 좋다.

손동작

방송에서 가장 어색한 것이 손을 어떻게 처리할 것인가 하는 문제다. 너무 부동자세일 수도 없고 너무 많이 움직이면 산만하고 불안해 보인다. 일반적으로 어색한 상황에서 가장 자주 연출되는 동작이 여자는 머리를 귀로 넘기고, 남자는 벨트를 만지작거리며 바지를 추켜올리려는 동작이라고 한다. 어떤 동작이든 잦으면 시선을 끌고 눈에 거슬린다. 탁자에 놓인 소품, 즉 물 컵이나 메모지, 볼펜 등을 이용하면서 어색한 부분을 감출 수 있다. 토론 프로그램이라면 펜을 쥐고 뭔가 메모하는 모습이 무난하다. 의자 팔걸이나 테이블에 손을 얹어놓고 손가락으로 장난하듯 톡톡 치는 행동은 본인은 무의식중에 하더라도 시청자들의 주의를 산만하게 만든다. 어느 일간지 기자가 리포터로 나와 소식을 전하는데 연방 볼펜을 돌리는 모습을 보며 흔히 신문기자들이 자칭 '볼펜들'이라고 하는 말이 떠올랐다. 습관적인 행동은 긴장하며 부지불식간에 나오는 것인 만큼 더 주의를 기울여야 한다.

　제스처를 자연스럽게 하기 위해서는 우선 손을 자유롭게 해야 한다. 깍지를 끼거나 탁자를 누르고 있거나 호주머니 속에 손을 넣으면 손을 자유롭게 움직일 수 없다. 손을 자유롭게 풀어놓은 상태에서 말의 흐름에 따라 몸을 움직이면 자연스런 제스처가 나온다. TV 카메라 앞에서 손을 움직일 때 자기 얼굴을 가리지 않도록 한다. 예를 들어 카메라가 오른쪽에서 잡고 있는데 오른손을 움직이면 얼굴을 가린다. 연설할 때 손의 동작에서 주의할 점은 손을 주먹을 쥐거나 활짝 펴는 것은 좋지 않다는 것이다. 손가락과 손바닥에 축구공만 한 것을 쥔 듯 약간 구부린 상태에서 내용의 흐름에 따라 손바닥과 정면, 혹은 손바닥과 지면의 각도를 다양하게 하여 움직이는 것이 좋다.

　팔을 처리하는 원칙도 필요할 때 쉽게 움직일 수 있도록 가볍게 두는 것이다. 연단에서 연설하는 경우 두 팔을 가볍게 내리거나 한 팔은 내리고 다른 팔은 탁자 위에 가볍게 올려두어도 좋다. 두 손을 가볍게 아랫배 위치에 올리거나 가슴 위치에 모아둘 수도 있다. 메모 용지나 분필이나 사인펜 등 필기구를 한 손으로 쥐고 가슴께로 올리고 다른 손은 자유롭게 놔두어도 좋다. 두 손으로 탁자를 내리누르거나, 깍지를 끼고 아랫배 앞에 두기, 팔짱끼기, 뒷짐지기, 호주머니에 손 찌르기 등의 모습은 보기에도 안 좋다.

몸동작

보디 랭귀지(body language)란 말도 있듯이 손짓이나 몸짓은 커뮤니케이션을 하는 데 중요한 도구이다. 손과 팔의 움직임도 역시 문화적 특성에 따른 표현의 하나이며, 문화에 따라 몸동작(gesture)의 적절한 빈도나 형태에 차이가 존재한다. 커뮤니케이션을 할 때 손짓을 요란하게 하는 등 몸을 많이 혹은 자주 사용하는 사람이 있는 반면에 어떤 사람들은 거의 움직임을 보이지 않는다. 동양 문화에서는 몸동작이 적으면 점잖다고 보고 많으면 경박하다고 여기는 반면에, 서양 문화에서는 메시지를 정확하게 전달하기 위해 몸동작을 많이 사용한다.

문화권의 차이도 있지만 개개인의 습관 차이도 있다. 빌 클린턴 대통령이 성추문 사건으로 법정에서 증언하면서 거짓말을 할 때는 코를 만지작거리거나 주위의 물건을 만지작거렸다고 한다. 뭔가 불안할 때 눈이나 얼굴이 가늘게 경련을 일으키는 사람도 있고 몸을 움찔거리거나(tic) 살짝살짝 고개를 까딱이는(bob) 사람도 있다. 예로부터 어른들이 아이들에게 늘 주의를 주는 것 가운데 다리를 떨지 말라는 것이 있다. 복이 달아난다는 말이지만 어쨌거나 방송에 출연한 사람이 점잖게 앉아 테이블 밑에선 다리를 달달 떠는 모습이 좋아 보일 리 없다.

자기 의사 표현을 하는 데 손동작은 그 감정과 의지를 강조시킬 수 있다. 우리나라 국민 특성상 대체로 동작이 크지 않은데, 그나마 정치인들이 대중연설을 할 때 열변을 토하며 손동작을 크게 한다. 학교 운동장과 같은 트인 장소에서 다수의 군중을 앞에 두고 하는 연설과 조용한 스튜디오에서 카메라를 앞에 두고 하는 연설은 분명히 다르다. 옥외에서 시선을 끌기 위해서는 큰 목소리만큼 큰 동작이 필요하다. 그러나 스튜디오 안에서 여러 사람의 눈이 아닌 달랑 카메라 렌즈만 쳐다보며 연설을 하게 되면 자연히 움직임이 작다. 종종 카메라가 버스트 샷(bust shot)을 잡고 있는데 책상에 올려진 손이 손가락만 움직여 눈에 거슬릴 때가 있다. 사물이 축소되는 TV의 특성을 감안해 오히려 동작이 큰 편이 낫다. 카메라 렌즈를 향해 곧바로 손짓을 하면 동작이 더 크게 보여 눈에 거슬린다. 카메라 렌즈와 평행인 방향으로 손을 움직이는 것이 무난하다.

연설에서 동작은 역동적일수록 효과가 크다. 손만 조금씩 움직이거나 어깨를 움직이지 않고 팔꿈치 아래만 움직이는 것은 좋지 않다. 손이 올라가면 팔꿈치도 올라가고 어깨도 들리고, 손이 밖으로 펼쳐지면 팔꿈치와 어깨도 바깥으로 열려 움직여야 한다. 연설에서 크고 분명한 동작이 필요하지만 그렇다고 동작을 과장되게 크게 하는 것은 좋지 않다. 일반적으로 동작은 머리 위나 허리 아래로 내려가지 않는 것이 좋고 좌우로는 양어깨로부터 30센티미터 이상 벗어나지 않는 것이 좋다고 한다. 이 범위를 지나게 되면 청중의 시선을 분산시키는 역효과가 난다. 제스처를 한번 하면 끝까지 해야지 어색해 주춤거리면 자신감이 없어 보인다. 말을 할 때 목소리가 단조로우면 안 되듯이 동작도 처음부터 끝까지 똑같은 크기와 모양을 반복하면 단조롭게 느껴진다. 내용의 흐름에 따라 다양하게 변화를 주는 것이 좋다.

방송에서 주의해야 할 동작

- 몸을 좌우로 혹은 앞뒤로 자꾸 흔든다.
- 서 있을 때 다리의 무게 중심을 이쪽저쪽으로 바꾼다. 더 심한 경우 스텝을 밟듯 제자리걸음을 하는 사람이 있다.
- 단추나 옷 또는 넥타이를 만지작거린다. 핸드마이크를 두 손으로 만지고 돌려가며 살펴본다.
- 귀나 이마, 턱 등을 습관적으로 만지거나 머리를 쓰다듬는다.
- 머리칼을 뒤로 넘긴다고 고개를 젖힌다. 여자들은 긴 머리를 자꾸 뒤로 쓸어 넘긴다.
- 손가락으로 탁자를 톡톡 두드리거나 탁자의 가장자리를 문지른다.
- 손을 비벼대거나 주무른다.
- 팔찌나 시계 등 장신구를 만지작거린다.
- 탁자 아래에서 다리를 좌우로 흔들거나 다리를 벌렸다 오므렸다 한다.
- 탁자에 팔꿈치를 올리고 턱을 괸다.

접촉

각 나라 혹은 문화권마다 사람 몸의 각 부분에 따른 접촉 행위에 따른 의미 체계가 다르다. 동양권에서야 대인관계에 있어 가벼운 키스나 포옹을 하는 것도 아니고, 신체적 접촉이 극히 제한되어 있으므로 굳이 설명할 필요가 없을 것 같다. 우리 문화권에서 가장 일반적인 신체적 접촉은 악수일 것이다. 처음 소개받는 사람과의 가벼운 악수, 절친한 사람과의 굳은 악수, 감사하는 마음으로 두 손을 꼭 잡으며 하는 악수 등 여러 가지가 있을 수 있다.

필자가 경험한 바에 의하면 정치인들의 악수가 가장 힘이 있는 것 같다. 다시 말해 악력이 가장 세다고 하겠다. 선거운동을 하며 유권자들을 만나 악수를 할 때 강한 신뢰를 전달하기 위한 수단이 되기 때문이다. 유권자 한 사람 한 사람에게 눈을 맞추며 강한 악수를 나눔으로써 기억에 남으려고 한다. 이 사람과 악수를 하면서 눈으로는 다른 사람을 쳐다보면 이미 표가 떨어져 나가는 소리가 들린다고 한다. 또 사람들 얼굴을 되도록 기억해야지 같은 사람에게 또 악수를 건네는 것 또한 역효과를 내게 된다. 10대 청소년들이 자기가 좋아하는 연예인의 옷자락이라도 만져보고 싶어하는 심리처럼 연세가 지긋한 할머니들에게 가벼운 포옹이나 손을 꼭 잡아주고 어깨를 주무르는 등의 스킨십은 인간적인 정을 전달하는 데 더 효과적이다.

지금은 어떤지 모르겠지만 1980년대 초 필자가 동료들과 청와대에 초청을 받고 대통령을 접견하기에 앞서 사전교육을 받았던 기억이 난다. 하루에도 수많은 사람들을 접견해야 하는 대통령과의 악수는 이쪽에서 주의를 해야 한다고 했다. 손을 잡고 위아래로 흔드는 역할을 이쪽에서 하는 것이 관례라고 했다. 그래야 대통령 손목에 무리가 가지 않는다는 것이었다. 너무 오래 잡고 있어도 안 된다. 또 악수를 하면서 대통령의 손에 혹시라도 상처 나는 일이 없도록 여자들은 손가락에서 반지를 모두 빼라는 지시를 받았다. 국가원수에 대한 예의라고 하지만 여전히 껄끄러운 기억으로 남아 있다.

공간

대인관계에서 사람과 사람 사이의 공간이 주는 의미가 다르다. 상대와의 거리가 어느 정도 가까운가 먼가에 따라 분류된다.[20]

- 말이 필요 없는 거리(0~15cm)
- 부부·연인의 거리(15~45cm)
- 관계를 의심받는 거리(45~75cm)
- 친구관계(75~120cm)
- 사교상의 거리(120~210cm)
- 일방적인 전달거리(210~360cm)
- 도망갈 수 있는 거리(360~750cm)

강연이나 연설을 할 때 거리는 750cm 이상으로 몸짓이나 자세 등을 통한 커뮤니케이션이 중요하다. 중요한 인물이 말을 하고 다른 사람들이 그를 둘러싸고 귀를 기울일 때 이 정도의 공간이 자연스럽게 생긴다.

---

20) 김기배, 앞의 책, 85쪽.

8장 실례 보기: 정치인들의 이미지 메이킹

　방송에 출연한 인사들은 누구나 시청자들에게 가능하면 우선 외모에서 호감 있게 보이길 바랄 것이다. 방송이 나간 뒤 직접·간접적으로 얻는 피드백에 무심할 수가 없다. 흔히 듣는 얘기가 "실물이 더 낫다"라거나 "더 젊게 나오더라", "의상이 튀더라", 혹은 "머리 모양이 어떻더라" 등등의 얘기일 것이다. 좋으면 좋은 대로 나쁘면 나쁜 대로 여러 가지를 생각하게 된다. 그것은 모두 TV에 비쳐진 그 사람의 전체적인 이미지를 의미하는 것이다. 얼굴 표정에서부터 눈빛, 시선, 몸동작, 의상과 머리 등 모든 요소가 카메라 앞에서 어떻게 조화를 이루느냐에 따라 달리 보이는 것이다. 그 때문에 사람들에게 어떤 이미지를 줄 것인가가 특히 중요한 숙제인 정치인들 역시 연예인 못지않게 패션 등 외모에 많은 신경을 쓴다.

　얼굴이 잘생긴 사람이 사회생활에서 유리하다는 것은 공통적인 인식이다. 실제 연구 결과로도 그 영향력과 적용범위가 생각보다 더 크다고 한다. 사회과학자들은 후광효과(halo effect)라고 해서 어떤 사람의 긍정적인 특성 하나가 그 사람 전체를 평가하는 데 결정적인 영향을 미친다고 했다. 잘생긴 사람은 당연히 능력 있고 친절하고 정직하며 머리가 영리할 것으로 연상하게 된다는 연구 결과도 있다.[21] 선거에서도 신체적으로 매력적이고 호감을 주는 인상이 투표에도 영향을 미치는 것으로 나타나기도 한다. 만일 미국 역사상 위대한 대통령으로 꼽히는 링컨이 요즘과 같은 TV 토론에 나섰다면, 주걱턱에 움푹 패인 눈과 툭 튀어나온 광대뼈 등 호남형과는 거리가 먼 이미지로 유권자들에게 호소하기는 어려울 것이다. 또 외모가 잘생긴 사람은 다른 사람에게 도움을 청했을 때 어렵지 않게 도움을 받는다. 잘생긴 사람이 말을 하면 듣는 사람이 쉽게 수긍하고 의견을 변화시키는 데도 설득력이 있다고 한다.[22]

그러나 대부분의 사람들은 보통의 평범하게 생긴 외모를 지니고 있다. 아무리 성형술이 발달했다고 해도 누구나 비싼 돈을 들여 외모를 바꿀 수는 없는 일이다. 요즘은 멀쩡한 얼굴에 칼을 대거나 심심하면 바꾸는 중독성 성형애호가들도 있다지만 자신의 외모를 사랑하는 마음을 가지면 표정과 인상이 달라질 수 있다. 또 다행히도 신체적 매력을 사용할 수 없을 때 사용할 수 있는 방법들도 다양하다. 가장 영향력이 큰 것이 유사성의 요소라고 한다. 즉 우리는 우리와 닮은 사람을 좋아한다는 것이다. 이것은 의견, 성격, 의상, 말투(사투리), 가정환경, 생활양식 등 다양한 영역에 걸쳐 공통적으로 적용되고 있다. 그래서 기업에서는 세일즈맨들에게 영업전략을 가르칠 때 고객의 자세나 동작, 분위기, 말하는 스타일을 비슷하게 따라하라고 가르치기도 한다. 이런 유사성들이 긍정적인 결과를 이끌어내기 때문이다. 방송에 출연하는 일반인들의 평범한 모습과 삶의 애환에 누구나 공감하는 것도 이러한 유사성이 작용하는 때문이라고 생각된다.

사람들은 또한 익숙한 것을 좋아하는 경향이 있다. 어떤 대상에 익

---

21) 로버트 치알디니, 『설득의 심리학』(이현우 역), 21세기북스, 2001, 245쪽.
22) S. Chaiken, "Communicator physical attractiveness and persuasion," *Journal of Personality and Social Psychology*, 37, 1979, pp.1387-1397.

숙해지면 어느새 자기도 모르는 사이에 그 대상을 좋아하게 되며 투표행위 등 다양한 의사결정 과정에도 이러한 심리 상태가 영향을 미친다.23) 즉 사람들은 과거에 그 대상과 얼마만큼 접촉했는가에 따라 대상에 대한 태도가 형성된다는 점을 의식하지 못한다. 그래서 시청자들은 낯선 인물보다는 TV 화면에 자주 비친 얼굴일수록 좀더 높은 호감을 보이며, 자주 보았던 사람들의 견해에 더 쉽게 설득당할 수 있다. 선거에서 방송인 출신 후보들의 득표율이 높은 것도 그동안 시청자들에게 친숙한 얼굴이었다는 점이 유리하게 작용하였다고 볼 수 있다. 자신에 대한 인지도를 높이기 위한 시간과 노력을 그만큼 줄일 수 있었던 것이다. 더욱이 방송인이라는 타이틀이 주는 공신력은 남들보다 거저먹고 들어가는 셈이다.

   TV 매체 등을 통한 미디어정치 시대에 정치인들이 유권자들에게 메시지를 전달하는 커뮤니케이션 과정에서 동원하는 비언어적인 요소와 행위는 곧 정치인들의 이미지 메이킹에 직결된다고 할 수 있다. 우선 정치인들이 메시지 전달을 위해 비언어적 요소를 어느 만큼 동원하고 있는지를 살펴볼 필요가 있다. 그런데 정치인들이 유권자들에게 호소하는 비언어적 행위들은 문화적 가치와 연관되어 있다.

   서양의 문화권과 비교해볼 때 우선 미국인들은 커뮤니케이션 자체를 갈등해소를 위한 수단으로 여기는 반면에 우리나라 사람들은 흔히 시간이 해결해준다고 하는 말처럼 자연의 섭리와 순리에 따른 문제해결을 중시한다. 즉 인위적인 커뮤니케이션이 문제를 해결하는 데 일정한 효과 이상을 낸다고는 생각하지 않는 것 같다. 그 때문인지 우리나

---

23) J. E. Grush, "Impact of candidate expenditures, regionality, and prior outcomes on the 1976 Democratic presidential primaries," *Journal of Personality and Social Psychology*, 38, 1980, pp.337-347.

라 사람은 언어 커뮤니케이션이나 비언어 커뮤니케이션이나 방법이 서툴고 표현방식이 미국 사람보다 소극적인 편이다.24)

또 신체적인 접촉 행위도 문화권마다 차이를 보인다. 접촉문화권과 비접촉문화권으로 구분했을 때 라틴아메리카, 모로코, 스페인, 포르투갈, 프랑스, 이탈리아, 그리스, 이집트, 인도네시아, 필리핀 등이 전자에 속하는 나라라면, 후자에는 한국, 중국, 일본 등이 해당된다고 하겠다.25) 따라서 우리나라 사람들은 남녀간의 악수도 어색해하고 가벼운 포옹이나 입맞춤에는 더더욱 익숙지 않다.

미소는 인간이 사용하는 비언어적 행위 가운데 가장 보편적인 것이다. 하지만 그 나라의 문화, 혹은 개인적인 차이에 따라 미소의 의미와 사용빈도는 분명히 차이가 있다. 실제로 외국에서 거리를 지나다 마주치는 서양인들은 생면부지인 사람에게도 서로 눈이 마주치면 순간적으로나마 미소를 짓는다. 지금은 그들 사회도 많이 각박해진 때문인지 미소 짓는 사람이 확실히 줄어들었지만 처음 보는 사람과 대화를 나눈다는 것에 익숙하지 못한 동양의 문화와는 분명히 다르다. 마츠모토는 이론적으로 감정의 표현과 '개인주의-집단주의' 차원을 연결해 "개인주의적인 문화에 속한 사람들은 집단주의 문화보다 다양한 감정의 표현을 보이며, 집단주의적 문화는 다양한 개인적 차이에 대한 허용의 정도가 낮다"라고 설명한다.26) 즉, 동양권에 사는 사람들은 감정을 적극적으로 표현하지 않도록 훈련을 받는다는 것이다. 한국인들도 마찬가지로 희로애락의 감정 표현을 되도록 자제하도록 교육을 받아왔다.

---

24) M. S. Kim, "A comparative analysis of nonverbal expressions as portrayed by Korean and American print-media advertising," *The Howard Journal of Communication*, 1992.; 탁진영, 앞의 책, 130쪽에서 재인용.
25) 김기배, 앞의 책, 84쪽.
26) D. Matsumoto, "Cultural influences on the Facial Expression of Emotions," *Southern Communication Journal*, 56, 1991.; 탁진영, 앞의 책, 133쪽에서 재인용.

〈표 8-1〉 양국의 대통령 후보자들이 보여준 웃음의 사용 여부

	한국	미국
웃음을 사용	105(38.9)	144(75.0)
사용 안 함	165(61.1)	48(25.0)
합계	270	192

$x^2=58.89(df=1)$, $p<.01$의 '유의수준'에서 유의적이다.

〈표 8-2〉 양국의 대통령 후보자들이 보여준 손과 팔 동작의 사용 형태

	한국	미국
비사용	68(38.0)	31(22.1)
약간 사용	55(30.7)	93(66.4)
광범위한 사용	56(31.3)	16(11.4)
합계	179	140

$x^2=41.66(df=2)$, $p<.01$의 '유의수준'에서 유의적이다.

〈표 8-3〉 양국의 대통령 후보자들이 보여준 의상의 착용 형태

	한국	미국
공식적 의상	238(87.8)	146(78.5)
비공식적 의상	33(12.2)	40(21.5)
합계	271	186

$x^2=6.85(df=1)$, $p<.01$의 '유의수준'에서 유의적이다.

〈표 8-4〉 양국의 대통령 후보자들이 보여준 눈맞춤의 사용 형태

	한국	미국
직접적 눈맞춤	96(35.7)	113(58.5)
간접적 눈맞춤	173(64.3)	80(41.5)
합계	269	193

$x^2=23.71(df=1)$, $p<.01$의 '유의수준'에서 유의적이다.

이러한 전통문화적 요인 때문에 한국인들이 미국인들보다는 소극적이고 절제된 언어적·비언어적 커뮤니케이션을 하는 것이라고 볼 수 있다.

한국과 미국의 대통령 선거 캠페인에 나타난 정치광고 메시지의 비언어적 측면을 비교해본 연구 결과는 주목할 만하다.27) 연구는 양국의 대통령후보자들이 전달하는 비언어적인 메시지 내용에 국한되어 있다. 물론 양국의 중요한 비언어적 측면에 대한 문화적 가치의 차이에 대한 이해를 바탕으로 살펴보아야 할 것이다. 이 연구에서는 1960년대 이후 실시된 총 14차례의 한국과 미국의 대통령 선거 캠페인을 대상으로 두 나라의 784개 신문 정치광고와 110개의 텔레비전 정치광고 중 절반 정도가 비언어 커뮤니케이션의 분석자료로 선택되었다. 분석결과로 우선 <표 8-1>에서 나타난 것처럼 한국 후보자들은 미국의 후보자들보다 웃음의 사용에 소극적이었다. 한국 후보자들이 그들의 광고에서 웃음을 보인 것도 대부분 활짝 웃는 것이 아니라 미소만 조금 보였을 뿐이다.

둘째, '손과 팔 동작(hand & arm gestures)'의 사용 형태에 있어서 미국 후보자들에 비해 한국 후보자들은 손과 팔의 사용을 자제한 것으로 나타났다. 미국 후보자들(77.9%)은 한국의 후보자들(62.0%)보다 몸동작을 더 많이 사용했다. 한국 후보자들(31.3%)이 손을 어깨선 위로 올리는 광범위한 손의 사용에 있어 미국 후보자들(11.4%)보다 높은 비율로 나타나긴 했지만, 전체적으로는 미국 후보자들이 한국 후보자들보다 몸동작의 표현에 더 적극적인 것을 보여준다.

셋째, '의상(dress)의 착용 형태'에 있어서 <표 8-3>에서 보듯 미국 광고에서 비공식적 의상의 착용이 21.5%인 반면, 한국은 12.2%가 이

---

27) 탁진영, 앞의 책, 139-143쪽.

에 속한다. 한국 사회의 예절을 중시하고 체면을 존중하는 문화적 특성의 영향으로 한국의 후보자들은 미국의 후보자들보다 후보자로서의 역할을 강조하는 공식적 의상을 비공식적 의상보다 선호한 것으로 여겨진다. 특히 한국의 후보자들은 비공식적인 상황에서도 공적인 의상인 양복 착용을 선호했다. 즉 대통령 후보자들은 공인이기 때문에 당연히 정장을 한 모습을 유권자에게 보여주어야 한다는 생각에 사로잡혀 있는 것 같다. 하지만 전체적으로 볼 때 양국의 후보자들은 비공식적 의상보다 공식적 의상을 더 선호했다.

넷째, '눈맞춤의 사용 형태'에 관한 분석결과, 한국 후보자들은 직접적인 눈맞춤을 꺼리는 반면(35.7%), 미국의 후보자들은 높은 비율(58.5%)로 이용하였다. 즉 대부분의 한국 후보자들은 시선을 옆이나 아래로 보내는 모습을 담은 광고를 게재함으로써 유권자와의 직접적인 눈맞춤을 꺼려왔다. 사회적 위치가 다른 사람들 사이의 직접적인 눈맞춤은 경쟁을 의미하기 때문에 예절에 어긋나는 행위로 간주되는 것이다. 하지만 미국인들은 대화 중에 상대방의 눈을 피하는 사람은 자신이 없거나 진실성이 결여된 것이라고 생각한다. 이러한 문화적 차이가 눈맞춤의 이용 형태에 영향을 미친 것 같다.

여기에서 나타나듯 비언어적 행위에 있어 서구의 정치인과 우리나라의 정치인들 사이에는 분명한 차이가 있다. 물론 정치풍토나 문화적 관습과 가치가 반영되는 것이고, 따라서 서구와 동일한 방법의 정치광고로 유권자에게 호소할 수는 없을 것이다. 그러나 모든 커뮤니케이션 행위 유형 중 동작과 언어 표현을 병행했을 때 의사소통의 명확성이 두드러지게 나타난다는 사실에 비추어볼 때, 우리나라 정치인들은 비언어적 행위의 효과와 영향에 대해 생각해보아야 할 것이다.

TV 정치가 본격화된 이후 미국 대선에서는 TV에 어울리는 외모와 이미지, 토론 능력을 가진 후보들이 확실히 유리해졌다. 다소 고지식하고 경직된 느낌의 카터(J. Carter)에 비해 자유자재로 끼를 발휘하는 배우 출신의 레이건(R. Reagan)이 우세했으며, 정치 경륜이 오랜 밥 돌(B. Doll)보다 젊고 패기가 넘치는 클린턴(B. Clinton)이 TV 토론을 통해 대세를 장악했다. 그러나 선거문화의 혁명을 몰고 온 TV의 영향력이 점점 막강해지는 이면에는 TV를 통한 이미지 정치에 대한 모순과 폐해를 경계하는 목소리도 높다. 즉, 선거에서는 후보들을 정치이념이나 철학, 자질, 정책 등과 같은 본질적이고 핵심적인 요소들로 평가해야 함에도 불구하고, TV 매체의 특성에 맞게 연출된 이미지의 허상에 그러한 요소들이 가릴 염려가 적지 않다는 것이다. TV 선거에서는 후보의 언변 외에도 외모나 목소리, 제스처 등의 요소가 유권자의 이성보다 감성에 호소하는 면이 크다고 할 수 있다.

유권자가 원하는 이미지를 만든다는 것은 쉬운 일이 아니다. 후보자가 가지고 있는 자질 중 가능성이 있는 부분을 최대한 활용하는 방법이 바람직하다. 무엇보다도 '신뢰'를 줄 수 있는 이미지가 필요하며, 이와 함께 많은 사람에게 '호감'을 줄 수 있으면 더욱 좋을 것이다. 이 외에도 민주성, 청렴성, 정직성, 결단력, 지도력, 포용력, 국가경영 능력 등은 정치인으로서 필수적인 덕목이자 중요한 이미지 요소이다. 정치인의 이미지란 선거 때 잠깐의 이미지 메이킹을 통해 만들어지는 것이 아니며 평상시 보여지는 모습에서 정계를 은퇴할 때까지 계속 노력해야 할 부분이다.

색깔 이미지

지난 16대 대선 당시 후보자들의 이미지를 평가하는 한 여론조사의 항목 가운데 여야 대선후보들에 대해 연상되는 색깔을 조사한 내용이 있었다.[28] 조사 결과 회색과 검정의 무채색 계열 후보들과 파랑·초록 계열 후보들로 나뉘었다. 대체로 연령이 많고 정치경력이 긴 후보가 무채색 계열로, 젊고 정치 신인인 후보들이 파랑·초록 계열로 연상되는 것으로 나타났다. 회색이 연상된다는 답변이 가장 많이 나온 후보는 이회창 한나라당 총재(20.3%), 한화갑 민주당 고문(15.3%), 김중권 민주당 고문(12.9%), 김근태 민주당 고문(8.6%)순이었다. 이회창 총재는 회색에 이어 흰색(19.1%)이 엇비슷하게 나왔고, 파랑(12.7%)이 그 다음이었다. 김종필 자민련 총재는 검정이 27.4%, 회색 26.7%로 두 색깔을 합한 비율이 54.1%나 되는 등 색깔의 이미지가 가장 뚜렷하게 형성된 주자였다.

파랑색이 연상된다는 답변이 가장 많은 후보는 민주당의 정동영 고문(18.5%), 노무현 고문(13.9%), 이인제 고문(13.4%), 유종근 전북지사(9.2%)순이었다. 이들 후보의 두 번째 색깔 이미지는 공통적으로 초록으로 나타났다. 무소속 정몽준 의원은 반대로 초록(18.2%), 파랑(14.4%)순으로 나타났다. 대부분 후보는 두세 가지 색깔이 대표적 이미지로 나타난 반면, 이인제 고문은 파랑 외에 초록(12.0%), 회색(12.0%), 검정(11.0%), 빨강(10.4%) 등이 골고루 나타난 것이 특징이었다. 무소속 박근혜 의원은 흰색(18.0%)이 가장 많았고, 초록(16.5%), 노랑(13.7%)순으로 다른 후보들과 대비되는 독특한 구성을 보였다.

---

[28] 조선일보·한국갤럽여론조사, "국내 언론사 첫 대선 예비주자 11명 이미지 조사", ≪조선일보≫ 2002. 3. 5., 16면.

대선후보들의 이미지 메이킹[29]

1997년 대선은 개정된 선거법에 따라 옥외집회를 할 수 없게 되었다. 따라서 각 후보 진영은 어느 때보다 이미지 메이킹에 심혈을 기울였다. 전문 코디네이터를 활용한 것도 이때부터다. 한나라당 이회창 후보는 부드럽고 따뜻한 표정과 더불어 깨끗하고 강직한 대쪽 이미지를 연출하는 데 초점을 맞췄다. 푸른색 셔츠에 대각선 줄무늬 넥타이로 깨끗한 이미지를 살리고, 차가운 이미지에서 탈피하기 위해 화려한 색상의 넥타이를 즐겨 맸다. 수십 년 고집하던 머리 색도 염색하고, 무테 안경을 짙은 갈색 테 안경으로 교체했다. 국민회의 김대중 후보는 멜빵과 화려한 넥타이를 이용해 젊은 이미지를 연출했으며, 국민신당 이인제 후보는 TV 토론 기조연설 때 노트북을 들고 나와 컴퓨터에 익숙한 젊은 층을 겨냥하고 박정희 전 대통령의 헤어스타일을 하고 나와 눈길을 끌기도 했다.

16대 대통령 선출을 위한 TV합동토론회에서 후보들은 감색 양복에 스트라이프 넥타이 차림을 하고 나와 비슷한 듯하면서 다른 패션 감각을 선보였다. 세 후보뿐 아니라 사회자까지도 약속이나 한 듯 스트라이프 넥타이를 매고 나왔는데, 이에 대해 전문가들은 "감색 정장과 스트라이프 넥타이는 코디네이션의 정석이다. 감색은 신뢰도를 높여주는 효과가 있고, 스트라이프 넥타이는 다른 사람 앞에서 자기 주장을 할 때 가장 권하는 코디"라고 설명하였다. 노무현 후보는 파란색의 블록과 펜슬 스트라이프가 섞인 넥타이를, 이회창 후보는 와인색과 옅은 핑크를 배합한 블록 스트라이프를, 그리고 권영길 후보는 노란색이 약간 가미된 은색 바탕에 짙은 두 줄 스트라이프 넥타이를 맸다. 세

---
[29] 전원경, "왜 스트라이프 넥타이인가", 《주간동아》 364호, 2002. 12. 19.

후보 모두 넥타이를 통해 자신의 장점을 부각하고 약점을 보완하려는 의도가 역력했다. 이 후보는 붉은색 계열을 선택함으로써 깔끔한 얼굴에서 풍기는 차가운 느낌과 다른 후보에 비해 나이가 많다는 약점을 가렸고, 노 후보는 차가운 느낌의 파란색을 통해 지적 이미지를 강조했으며, 권 후보는 세련된 은회색으로 재야 노동운동가의 투박한 이미지를 보완했다. 그러나 결과적으로 보면 이 후보는 얼굴에 비해 넥타이 색깔과 무늬가 너무 강해서 토론 중 자꾸 넥타이에 시선이 집중되는 문제가 있었고, 노 후보의 파란색은 젊은 감각이긴 했지만 다소 촌스런 인상을 주었다. 세 후보 가운데 가장 제스처를 잘 활용한 사람은 노무현 후보로 손을 앞으로 내미는 자세를 자주 취하는데, 이때 손바닥을 보이는 것이 중요하다. 손바닥을 보여주거나 가슴에 손을 얹고 이야기하는 자세는 '진실성'을 강조할 때 자주 쓰인다. 김병원 포항대 교수는 "TV에서의 커뮤니케이션은 말과 제스처가 합쳐져 상승효과를 낸다. 노 후보가 설득력 있는 표정과 몸짓을 가장 잘 활용한 편이라면, 이 후보의 제스처는 감성을 울리기에 부족했고 자꾸 메모를 읽으려는 버릇이 나타났다. 권 후보는 호소력은 강했지만 공격적 인상을 주었다"라고 촌평했다.

강한 이미지 효과 내기[30]

정치인들이 미래에 대한 비전을 제시하면서 자신의 강한 이미지를 부각시키는 데 효과적인 방법들을 짚어본다.

첫째, 자신만의 상징물을 만드는 것이다. 다른 사람이 나를 생각할

---

30) ≪동아일보≫ "리더십 다면평가, 성공하는 리더들의 '5가지 습관'", 2002. 3. 29., 50면.

때 우선 떠올리게 되는 대표적이고 상징적인 사물을 설정하는 것이 효과적이다. 제2차세계대전의 영웅 맥아더 장군의 파이프 담배는 대중에게 남성적이고 강한 이미지를 각인시킨 바 있다. 상징적인 사물은 되도록 젊음과 힘, 생동감, 품격을 심어주는 코드로 정한다. 색다른 손목시계나 반지, 혹은 세련된 안경테 등을 이용할 수도 있겠고, 빨간 넥타이 같이 자신을 상징하는 색깔을 설정하는 것도 좋겠다.

둘째, 얼굴 정면보다는 옆모습을 자주 보이는 것이 좋다. 여럿이 사진을 찍을 때 고개를 옆으로 틀거나 몸을 돌리는 사람은 심리학적으로 대부분 리더 기질이 있고 '튀는 것'을 좋아하는 사람들이라고 한다. 정면이 순종적이거나 수동적인 느낌을 준다면 상대적으로 옆모습은 카리스마가 있어 보인다.

셋째, 말의 어미를 분명하게 맺는다. 흑인 인권운동가 마틴 루터 킹 목사가 1963년 8월 28일 미국 워싱턴 DC의 링컨기념관 앞 계단에서 "나에게는 꿈이 있습니다(I have a dream)"라고 연설하며 천천히 또렷하게 한 단어 한 단어 힘을 주어가며 말을 했다. 글을 쓸 때처럼 문장의 성격에 따라 마침표, 느낌표, 물음표를 찍는다는 생각으로 말을 하면 상대에게 효과적으로 다가갈 수 있다. 어미 처리에 미숙하면 질문을 던진 것인지 본인의 의견을 말한 것인지 헷갈리게 만든다.

넷째, 맑고 자신감 있는 눈빛으로 바라본다. 자신감 있는 눈빛은 '비전 있는 리더'의 이미지 관리 1순위로 꼽힌다. 대표적 사례가 일본 닛산 자동차의 카를로스 곤 사장이다. 1999년 닛산의 구조조정 계획 발표 때 "1년 안에 흑자로 전환하지 못하면 나와 모든 직원이 사표를 내겠다"라고 선언하던 장면에서 곤 사장의 눈을 유심히 본 직원들은 그 의지와 성공 가능성을 의심할 수 없었다고 한다. 결국 1999년 6,400억 엔의 적자를 냈던 닛산은 1년 만에 흑자 전환에 성공했다. 가까이에서 보는 '비전 있는 리더'의 눈은 일단 흰자가 맑아야 한다. 피로에 지쳐 실핏줄이 선 눈에서 비전을 찾을 수는 없을 것이다. 한편 상대방이 말을 할 때에는 눈을 맞추고 집중하는 것이 자신의 강한 이미지를 심는 데 도움이 된다. 특히 여러 유권자들과 악수를 나눌 때 한 사람 한 사람과 눈을 마주치며 악수를 해야지, 바쁜 듯 악수는 앞사람과 하면서 눈은 이미 다른 사람에게 옮겨가 있으면 오히려 스스로 표를 깎는 결과를 초래할 것이다.

다섯째, 말을 할 때는 손을 적절히 움직여야 한다. 대화를 나누거나 협상을 할 때, 혹은 발표를 할 때 적절한 제스처를 쓰는 것이 효과적이다. 왠지 어색해하고 쑥스럽게 생각하지 말아야 한다. 효과적인 손동작은 상대방의 주의와 시선을 집중시키는 기능을 한다. 대중 앞에 서야 하는 정치인들에게 '손의 기술'은 꼭 필요하다. 존 F. 케네디는 연설할 때 강조하고자 하는 대목에서는 검지손가락을 곧추세웠다고 한다. 수동적으로 바라보는 관중에게 포인트를 알려주는 효과가 있다. 적절한 손가락 제스처는 말하는 사람의 자신감과 의지를 보여주며 논리적이라는 이미지를 전달하기에도 좋다.

정치인의 이미지 메이킹은 특히 선거 때 가장 중요한 선거전략의 일환이다. 미국 테네시 대학의 댄 님모(Dan Nimmo) 교수는 "유권자들은 후보와 자신과의 사이에 무언가 연관되는 점이 있어 자신들의 욕구나 야심을 반영해줄 수 있다고 믿기를 원한다. 그러므로 후보자들은 공직 경력, 뛰어난 지도력, 현명한 판단을 내릴 수 있는 능력 등을 바탕으로 자신의 이미지를 형성하되 유권자들이 갖고 있는 지도자의 이미지와 자신을 동일시할 수 있도록 조금씩 자신의 이미지를 수정해가야 한다"라고 말했다.[31] 이미지는 얼마든지 만들고 가꿀 수 있다. 그

---

31) 김기도, 『미디어 선거와 마케팅 전략』, 나남, 2003, 215쪽.

러자면 무엇보다 스스로를 철저히 알아야 한다.

정치인의 유머 감각

노무현: 황당 개그.
수해지역 방문 때 한 주민이 "TV에서 보던 것보다 주름살이 적네요"라고 하자, "아침에 집에서 다리미로 좀 다리고 나왔습니다"라고 말했다.

이회창: 썰렁 개그.
SBS 토론 후 청중들이 사인을 요청하자, 'ㅇㅇㅇ에게'라고 써주고, 한 대학생이 특별한 사인을 해달라고 부탁하자, '특별한 ㅇㅇㅇ에게'라고 썼다.

정몽준: 허무 개그.
출마선언 전 일산 백마부대를 방문했을 때 "나도 백마부대와 인연이 있다"라며 "대학생 때 승마를 자주 했는데 그때 어떤 변호사로부터 빌려 탔던 말이 백마였다"라고 말했다.

정치인의 패션

김영삼(맞춤형): 넥타이는 수백 개, 양복은 한 집에서만. "한번 양복점은 평생 양복점이다."
김대중(실용형): 멋보다는 실용성. "에-, 신발은 편해야 합니다."
노무현(자유분방형): 옷은 안다. 하지만 브랜드는 모른다. "걸치면 다 옷입니다. 옷이고요."
이회창(잘 몰라형): 그래도 일부러 바지 주름 안 잡기도. "옷이라도 부드러워야지……."
정몽준(대충대충형): 아무거나 입어도 옷 입은 태가 다르다. "옷보다는 옷걸이다."

방송국 들여다보기

9장 프로그램이 만들어지기까지
10장 암호 같은 방송용어 풀이

9장 프로그램이 만들어지기까지

준비 단계

방송을 이해하기 위해서는 우선 프로그램이 어떻게 제작되는지 그 메커니즘을 알아야 할 필요가 있다. 프로그램 제작은 기획단계에서부터 방송물이 만들어지기까지 연출자와 카메라, 음향, 조명, 효과, 작가 등 전문 스태프와 출연자들이 참여하는 복잡한 과정을 거친다.

준비 및 스태프회의
완성된 대본 및 큐 시트(cue sheet)를 바탕으로 연출자, 기술(음향, 조명 등), 미술, 카메라 스태프 등과 프로그램 제작에 대한 사전 협의를 통해 의도와 구성에 따라 방송장비의 이용 계획, 필요한 효과장비의 추가 설치 등 기술적 준비를 한다.

드라이 리허설(dry rehearsal)
스튜디오에 마련된 세트를 이용하여 연출자와 기술·미술 스태프, 출연자, 카메라 스태프 등 각자의 입장에서 마이크 위치, 카메라 앵글 등 기술적 점검을 하는 과정으로 출연자와 스태프 간의 연습단계이다.

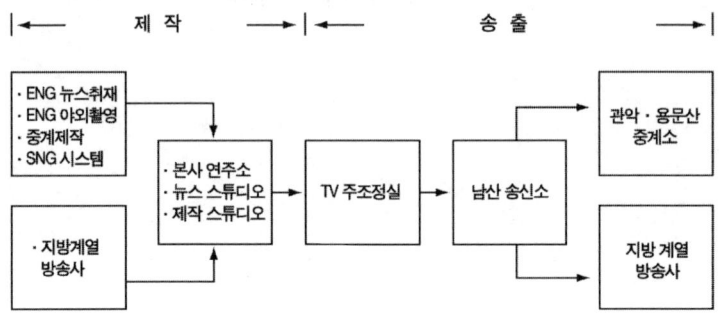

〈그림 9-1〉 프로그램 제작 및 송출과정

카메라 리허설(camera rehearsal)

생방송이나 녹화를 진행하듯이 연출과 출연자, 카메라, 기술, 미술 등 모든 스태프가 실제처럼 참여하는 최종 리허설 단계이다. 조명과 카메라 워킹, 전체적인 흐름을 점검하여 미흡한 부분을 수정·보완한다. 출연자는 분장과 의상을 실제 방송처럼 모두 갖춘 상태여야 한다.

녹화 및 편집

뉴스 및 생방송을 제외하고는 거의 녹화방송이다. 중계차에 의한 제작과 야외제작, 스튜디오 제작이 있으며, 스튜디오의 경우 카메라는 3∼7대까지 사용된다. 녹화된 프로그램은 편집과정을 거친다. 1차 편집인 가편집 단계(off line 편집)에서 촬영현장에서 영상을 만들어낸 촬영의도를 밝히고 NG 샷을 걸러낸 다음 음악과 효과, CG(computer graphic) 등을 삽입하는 최종편집 과정을 거쳐 완전한 프로그램으로 만든다.

제작현장

스튜디오

스튜디오의 규모가 클수록 복잡한 형태의 프로그램을 제작할 수 있다. 스튜디오 내부는 카메라가 자유롭게 움직일 수 있도록 바닥이 매끄럽게 평형을 유지하고 있고, 벽과 천장에 방음처리가 되어 있다. 또한 녹화 중에 외부의 소음과 빛이 들어오지 않도록 출입문이 두껍고 육중하다. 인터 커뮤니케이션 시스템(인터컴)을 갖춰 모든 제작·기술 스태프와 의사소통이 가능하다.

프로그램 제작에 있어 중요한 요소는 비디오 시스템과 오디오 시스템, 그리고 조명과 편집, 특수효과 등의 프로그램 제작 시스템이다.

① 비디오 시스템의 핵심인 카메라는 ENG(electronic news gathering: 뉴스 취재용), EFP(electronic field production: 야외제작용), Standard Camera(studio camera) 등이 있다. VTR(비디오 테이프 리코더)은 전체 프로그램을 기록하여 재생한다. 포스트 프로덕션(post production)의 편집작업을 통해 다른 시간, 다른 장소에서 기록된 자료를 결합시킬 수 있다.
② 오디오 시스템은 마이크와 녹음 및 재생장치, 음성을 조절하는 오디오 콘솔 등이 있다.
③ 조명은 빛의 양을 조절해 이미지를 바꿀 수 있다. 강한 빛으로 진한 그림자를 만들어 강한 명암을 만드는 지향조명과 넓은 영역을 비추며 부드러운 반투명 그림자를 만드는 분산조명이 있다.
④ 특수효과는 배경장면 위로 타이틀을 올리거나 모자이크 스크린 패턴을 써 얼굴 색깔이나 윤곽을 점차적으로 변화시키는 등의 효과를 만든다.

스튜디오와 바로 인접해 스튜디오에서 진행되는 프로그램 제작의 전 과정을 컨트롤하는 곳이 부조정실이다. PD가 다양한 영상과 음향, 조명, 이미지 등을 선택하고 결합하기 위한 각종 기기들이 비치되어 있다. 이렇게 스튜디오에서 제작된 프로그램, 혹은 스튜디오 밖에서 중계되는 프로그램 등은 주조정실로 보내진다. 녹화 제작된 모든 프로그램 자료, 즉 방송 예정물은 주조정실에 보관되었다가 편성시간에 따라 방송된다.

제작현장 스태프

프로그램 제작은 각 영역의 상당수 스태프들의 협업을 통해 이루어지는 것이므로 조화와 인화가 중요하다. 각 분야의 전문성을 존중하고 깍듯하게 대함으로써 사소한 마찰과 신경전을 피해야 한다.

- 프로듀서(PD): 프로그램 제작의 최고 책임자이다. 제작 외에도 사전 정보수집에서 예산서 작성, 스태프, 출연자 결정, 스케줄 작성, 스폰서에게 설명 등 영업 측면의 역할도 관장한다. 또 제작비를 합리적으로 운용하고 시청자 반응과 동향을 분석하는 일까지 일체의 업무를 진행하는 역할이다.
- 디렉터(dirctor): 단위 방송 프로그램의 제작실무 책임자이다. 통상 연출가라고 하며 제작의 전 과정을 직접 지휘·감독한다. 방송제작 중엔 조정실에 앉아 기술적 상황을 책임진다.
- 보조 디렉터(AD): 연출자를 돕는 연출보조로서 소재 준비, 확인, 일정 작성, 출연자 및 스태프들의 연락 협의업무 등을 담당한다.
- FD(floor director): 스튜디오 안에서 디렉터를 보좌한다. 디렉터의

지시 내용을 출연자에게 전달하며 스튜디오 진행을 담당한다. 보통 AD가 방송제작 중엔 FD 역할을 맡는다. 방송에 출연하는 동안 출연자와 가장 많은 커뮤니케이션을 하게 된다. 방송제작 중 (on-air)인 스튜디오는 방송 외적인 잡음이 들어가면 안 되므로 조용한 상태에서 수신호로 의사소통을 한다. 출연자의 모습이 최적의 상태인지 살피고 준비가 되었는지 점검하는 임무도 수행한다.

- MD(master director): 주조정실에 근무하는 방송운행 책임자로서 송출되는 프로그램에 대해 최종적인 내용을 감시하고 확인한다.
- TD(technical director): 기술 스태프를 지휘하는 기술부문 총책임자이다. 오디오와 조명, 비디오, 마이크, 음향 효과 등을 총괄 지휘한다.
- 스튜디오 카메라 감독: 스튜디오 카메라를 조작하고 스튜디오에서 일어나는 상황을 감독한다.
- ENG 카메라 감독: 야외촬영 카메라를 조작하고 야외제작 현장을 책임진다.
- LD(light director): 조명을 책임지는 조명감독이다.
- 아트 디렉터(art director): 프로그램 제작에 관련된 제반 미술적 업무, 분장, 의상, 소품, 세트 디자인, 타이틀 제작 등의 총괄적 미술 감독이다.
- 카메라맨(비디오 기술자): 최상의 화상을 얻기 위해 카메라를 조정한다.
- 오디오맨(오디오 기술자): 모든 음향을 담당한다.
- VTR 담당(비디오 테이프 기술자): 비디오 테이프 기계를 조작하여 녹화를 담당한다.
- 그래픽 아티스트: 컴퓨터 그래픽, 타이틀, 차트 등을 만든다.

- **편집자**: 편집작업시 편집기를 다룬다.
- **분장사**: 출연자의 분장을 맡는다.
- **의상 디자이너**: 의상을 담당한다.
- **소품관리자**: 제작에 필요한 다양한 소품을 담당한다.
- **무대요원(세트 담당)**: 무대배경이나 세트를 담당한다.

야구중계 도중 PD가 "카메라 투, 피쳐(pitcher)루"라고 외쳤는데 정작 카메라에 잡힌 건 운동장 한구석에 있는 빗자루였다고. '피쳐루', '빗자루'······. 시끄러운 운동장에서 인터컴을 통한 커뮤니케이션이 쉽지만은 않은 듯.

한일공동 골프중계를 위해 일본 PD와 한국 카메라 스태프들이 공동작업을 하는데, 일본 PD가 "걔라리, 걔라리" 하기에 한국 카메라맨은 마침 한창 만발한 개나리 컷을 잡았다. 그래도 일본 PD는 자꾸 "걔라리"를 외쳤는데 알고 보니 골프경기를 관람하는 갤러리(gallery)를 일본식 발음으로 '걔라리'라고 했던 것.

10장 암호 같은 방송용어 풀이

 앞서 살펴보았듯이 방송 프로그램을 제작하기 위해서는 다양한 사람들이 다양한 역할을 수행해야 한다. 제작과 관련된 각 영역의 전문용어들을 알면 방송 메커니즘을 이해하는 데도 도움이 될 것이다.

방송 관련 용어

- ID(identificaion): TV 화면에서 10초 정도 길이로 방송국 로고나 로고송을 통해 국(局)명을 알리는 것이다. 방송국의 호출부호, 채널, 출력 등을 알리는데, 규정상 프로그램의 시작 전에 송출하게 되어 있다.
  예: "중파 900KHz, 표준 FM 95.9MHz 문화방송입니다."
- ad lib: 원고대로 하지 않고 상황에 맞게 창의적으로 방송 대사를 만들어내는 것이다. 더 재치 있고 실감 나는 표현일 수도 있지만 다듬어지지 않은 부적절한 표현일 수도 있다.
- 주조정실(master control room): 방송국 내 각 부조정실이나 중계라인, 네트국에서 보내오는 신호를 종합·편집해 송신소 및 네트국

으로 프로그램을 송출하는 역할을 한다.
- **부조정실**(subcontrol room): 스튜디오에 붙어 있는 조정실로 TV의 경우 영상합성기, 녹화기, 영상효과기, 카메라 컨트롤러와 각종 오디오 장비, 모니터 장비 등이 설치되어 있다. 프로그램 진행을 지휘하고 영상·음성 및 조명을 조정한다.
- **On Air**: 제작 중이나 방송 중임을 표시하는 것이다.
- **Cue/Q**: 연기나 음악, 조명, 음향 등의 타이밍을 지시하기 위해 정해놓은 사인이며, 인터컴 등의 통화장치나 몸짓, 손짓으로 지시한다.
- **Cue Sheet**: 프로그램 진행 상황을 구체적으로 명시해놓은 것으로 영상, 음향, 조명, 시간 등이 정확히 표시되어 있다.
- **CG**(character generator): TV 화면에 나타나는 문자를 만들어내는 장치이다.
- **rehearsal**: 프로그램을 제작하기 위한 예행연습이다. 드라이 리허설→카메라 리허설→블로킹(blocking) 리허설→런스루(run through) 순서로 하되 일부 생략하기도 한다.
- **dry rehearsal**: 무대장치나 의상, 분장이 안 돼 있는 상태에서 연기자나 출연자가 무대 또는 스튜디오에서 대본연습을 한다. 기술진에선 카메라, 마이크, 조명의 종류, 위치, 방향 크레인, 붐 등 종합적 문제를 검토하고 구체화한다.
- **sign on**: 애국가를 시작으로 네트워크 표시, 심의규정 준수, 책임자명 고시 등의 순서로 방송개시를 알린다.
- **sign off**: 방송종료를 알리는 것이다. 애국가가 맨 마지막으로 울린다.
- **standby**: 통상 출연자와 스태프에게 시작 준비를 알리는 지시이

다. 예상되는 사고에 대비하여 미리 준비된 대용 물품이나 사람을 뜻하기도 하고, 음향 또는 영상장치를 세트해 즉시 작동할 수 있는 상태로 만드는 것이다.
- talkback: 부조정실에서 스튜디오, 아나운서 부스, 분장실, 의상실, 대기실 등에 있는 사람에게 스피커를 통해 연락하는 시스템이다.
- spot: 프로그램과 프로그램 사이의 짧은 시간에 효과적으로 들어가는 생활정보나 캠페인, 공지사항, 프로그램 안내 등을 말한다.
- signal music: 일명 테마음악이라고 하며, 프로그램의 이름을 대지 않아도 신호음악으로 알게 하는 장점이 있다.
- script: 영화나 TV 제작에서 장면별로 무대장치와 배우 연기, 카메라 방향 등을 자세하게 기록한 지시문이다.

촬영 관련 용어

- ENG(electronic news gathering) 카메라: VTR 일체형 휴대용 TV 카메라이다. 녹화 후 즉시 활용이 가능하기 때문에 뉴스 취재 등에 유용하다. 대부분 야외촬영에서 사용된다.
- SNG(satellite news gathering): 위성을 이용 뉴스 소재를 현장에서 송수신하도록 차량에 설치한 위성 송수신 설비이다.
- out focus: 카메라 렌즈의 초점이 맞지 않은 상태로 비현실적이거나 심리적 영상을 표현하는 데 효과적이며 초상권 침해를 막기 위해 의도적으로 사용하는 기법이다.
- Iris: 카메라 렌즈에 들어가는 빛의 양을 제어하기 위해 렌즈 사이

에 장치된 얇은 금속판 조리개이다.
- Tally Lamp: 여러 대의 스튜디오 카메라 중 출연자나 스태프들에게 현재 촬영되고 있는 카메라를 알려주기 위해 점등하는 카메라 상부의 빨간 램프이다.

카메라의 움직임(camera work)

- pan: 카메라 헤드가 고정 페데스탈(pedestal)이나 트라이포드(tripod) 위에서 수평으로(좌우로) 움직인다.
- tilt: 카메라 헤드가 고정 페데스탈이나 트라이포드 위에서 수직으로(상하로) 움직인다.
- boom: 페데스탈 중앙 기둥이 상하로 움직임에 따라 카메라 헤드가 수직으로 움직인다.
- dolly: 페데스탈을 이용해 카메라 전체가 피사체나 장면에 가까이 들어가거나 멀리 나가며 움직인다.
- zoom: 카메라 렌즈 조작을 통해 카메라가 피사체로부터 급격히 멀어지거나 가까워지는 것처럼 표현하는 영상효과이다.
- truck: 카메라와 함께 페데스탈을 측면으로 이동하면서 무대를 가로질러 움직이는 피사체를 따를 때 이용하다.
- arc: 달리와 트럭을 결합해 페데스탈과 카메라를 반원형으로 움직인다.

카메라 샷(shot)

① 크기(size)에 의한 구분
- ELS(extreme long shot): 전체 배경 혹은 전체 연기영역의 촬영으로 아주 넓은 시계를 만든다.
- LS(long shot): 피사체가 여전히 배경에 압도되게 멀리 잡는다.
- FS(full shot): 장소를 파악할 수 있는 시계를 제공하며 배우의 전신을 잡는다.
- MS(medium shot): 보통 허리 정도의 전신을 잡는다.
- CU(close-up shot): 배경의 일부분만 보이고 피사체를 크게 잡는다.
- Extreme close-up shot: 피사체가 화면 가득하게 차지하고 배경은 전혀 보이지 않는다.

② 각도(angle)에 의한 구분
- normal angle/ eye level angle: 일상적인 눈의 높이로 바라보는 장면으로 피사체의 눈높이에서 촬영한다. 촬영하기에 가장 편안한 앵글이다.
- high camera angle: 피사체의 눈높이보다 높게 피사체를 내려다보며 촬영한다. 지위가 낮고 보잘것없는 느낌을 주며 피사체의 외로움·무능력 등을 표현할 수 있다.
- low camera angle: 피사체를 올려다보며 촬영한다. 피사체는 더욱 커 보이며 권력지배력과 역동감을 준다.

③ 등장인물 수에 따른 구분
- 피사체의 수에 따라 1shot, 2shot, 3shot 등으로 구분된다.
- GS(group shot): 3s.(three shot)가 넘어가면 group shot 혹은 wide shot, long shot이 된다.

- mob scene: 전장이나 장터 등 군중이 등장하는 장면이다.
- os shot(over-the-shoulder shot): 피사체의 어깨 너머로 다른 피사체를 잡는 샷이다.

편집 관련 용어

- frame in/ out: 피사체가 한 화면에 들어오고 나가는 것이다.
- fade in: TV 영상이 전혀 나타나 있지 않은 흑 레벨 상태에서 점진적으로 정상적인 비디오 레벨을 갖게 되는 과정이다. 조명에선 어두운 상태에서 서서히 밝아진다. fade out은 그 반대의 과정을 말한다.
- dissolve: 장면전환의 한 방법으로 앞의 화면이 서서히 사라지게 하면서 다음 화면이 서서히 나타나게 하는 것이다. 영화에서는 overlap이라고 한다.
- effect: 영화, 라디오, TV 등에서 쓰이는 음향 효과, 시각 효과를 뜻한다.
- wipe: 영상합성 효과의 일종으로 원래 화면을 지우고 거기에 다른 화면이 나오도록 하는 화면전환 기법이다.
- scroll: 종서나 횡서의 문자 표시를 아래에서 위로 또는 좌에서 우로 움직여 읽히는 순서대로 이동한다.
- color bar: 컬러 TV에서 텔레비전 장비의 테스트용으로 사용되는 영상신호로 수직의 칼라 막대이다.
- chromakey: 전경화면의 일부가 배경화면에 삽입되어 배경화면의 일부가 된다. 주로 파란색을 쓰는 데 파란색 부분만이 다른

화면으로 대체됨으로써 새로운 분위기를 창조하는 특수 영상효과이다.
- lip sync: TV 프로그램에서 영상 부분과 음성 부분을 일치시키는 행위이다.

마이크 사용법

방송이 녹화되는 동안 오디오 상태가 얼마나 깨끗하게 잘 녹음되고 있는지 또한 중요하다. 마이크(microphone)의 종류와 그 쓰임새도 다양하지만 일반적으로 방송에 출연해 직접 사용하는 것은 두 가지 정도이다.

- **소형 마이크**: 흔히 핀(pin) 마이크라고 하는 소형 마이크로 각각의 목소리를 잡기 위해 옷깃에 부착하여 사용한다. 방송 중 옷을 움직이거나 가슴 부위를 만지면 소음이 생기므로 주의해야 한다. 핀을 고정할 수 없는 원피스를 입은 경우 옷 안면과 겉면을 자석으로 연결한다.

방송 시작 전 FD나 음향감독이 핀 마이크를 출연자의 옷에 입으로부터 6인치 정도 아래 위치에 부착해준다. 위치 조절이 끝나면 마이크에 달린 줄을 보이지 않게 옷 안으로 숨기는 작업이 따른다. 옷이 스치는 소리가 들어가지 않도록 하며 액세서리 역시 소음을 일으킬 소지가 있으므로 마이크로부터 멀리 달거나 떼어낸다. 그 다음 음량을 조절하는데 대부분 테스트를 할 때는 평소보다 크게 하거나 작게 말하고 마이크에 가까이 대고 말을 하게 되므로 실제상황에선 달라질 수 있다. 또 테스트할 때 흔히 쓰는 "마이크 테스트 하나 둘 셋 하나 둘 셋……"이라는 말은 별로 좋지 않다. 그것은 그야말로 마이크가 제대로 작동하는가를 점검하는 것일 뿐 목소리를 테스트하는 게 아니다. 실제 평소에 말하듯 혹은 원고의 일부를 문장 형태로 연습하는 것이 효과적이다.

- 핸드 마이크(hand-held): 라디오 부스 내의 책상이나 뉴스 데스크 위에 놓는다. 한두 명이 같이 사용할 수 있다. 올바른 사용법은 적당한 높이를 유지하는 것이다. 너무 높이 잡아 입에 가까이 대면 소리를 방해하며, 너무 낮게 잡으면 목소리가 희미하거나 시청자의 시선을 얼굴에서 떠나게 한다. 일반적으로 핸드 마이크는 입에서 6~8인치, 몸에서 4~5인치 가량 떨어져 사용하는 것이 좋다.

마이크를 올바르게 잡으면 편안한 자세에서 소리가 좋게 나오고 시각적으로 산만해 보이지 않는다. 마이크를 너무 세게 잡으면 보기에도 긴장되고 경직되어 보인다. 또 마이크를 두 손으로 잡지 않도록 한다. 보기에도 좋지 않고 긴장하거나 뭔가 자신 없어 보인다. 출연자 중에는 장난하듯 마이크를 두 손으로 돌리고 입에서 떼었다 붙였다 하며 사용하는 사람도 있다. 가장 좋은 방법은 힘 있는 손, 즉 대부분의 사람이 오른손잡이이므로 오른손으로 마이크를 잡고 반대쪽 손으로는 자연스런 제스처를 하는 것이다.

이 외 샷건(shotgun)이란 마이크는 드라마 제작시 혹은 군중들 속에서 혹은 취재진들이 떼지어 있을 때 주변 소음에 상관없이 필요한 소리만 잡을 수 있는 성능 좋은 마이크이다. 일반적으로 주변이 시끄러우면 자연히 목청을 높여 크게 말을 하게 된다. 하지만 마이크의 집음력이 좋기 때문에 방송에서는 혼자 떠드는 것처럼 보일 수 있으므로 주의해야 한다. 공개방송이나 공연장에서는 환호하는 방청객들의 소음으로 인해 사회자와 출연자 간의 의사소통이 사실상 어렵다. 시끄러운 상황에서 억지로 인터뷰를 이어나가려 할 것이 아니라 사전에 약속된 대로 서로의 역할을 하는 것이 옳다.

중견 여자 탤런트 K 씨 녹화 중 뱃속이 영 불편하더니 기어이 방귀를 뀌고 말았다. 소리가 작아 시침 뚝 떼고 있으려는데 상대역의 남자 탤런트가 발설을 하고 놀리기 시작했다. 아니라고 화를 벌컥 냈지만 맞다 틀리다 시비가 붙어 결국 녹화 테이프를 돌려 확인까지 하게 되었다. 놀라운 마이크 성능 때문에 방귀 소리가 확인되고 주위 사람들의 놀림에 K 씨는 더욱 화를 내 그날 녹화장 분위기는 살벌했다고 한다.

TV에 나오는 사람들

11장 방송은 누구나 할 수 있을까?
12장 아나운서와 앵커는 다른가?

11장 방송은 누구나 할 수 있을까?

방송이 아나운서만의 전유물인 시대는 지난 지 오래다. 오히려 아나운서의 영역이 점점 좁아져 가고 연예인을 비롯한 비전문인들이 대부분의 방송을 하고 있다. 이로 인해 방송언어가 변질되어가는 폐단에 대한 우려도 있지만 기존의 틀에 얽매이지 않고 능숙하게 잘하는 모습들을 보면 방송은 정말 누구나 할 수 있다는 생각을 하게 된다. 다만 방송인으로서의 자세와 기본자질만큼은 갖추도록 노력해야 한다는 전제가 붙는 것이지 아무나 아무렇게나 해도 된다는 말은 아니다. 전문방송인이 되기 위해서는 외모나 언변 외에 지적 수준과 건강한 사고, 따뜻한 인성, 냉철한 판단력 등 여러 가지 신체적·감성적 요건들이 필요하다.

신체적 요건

과거 라디오 아나운서들의 목소리는 상당히 깊고 저음을 선호했으며, 적어도 듣기 좋은 목소리여야 했다. 하지만 요즘은 알아듣지 못할 정도만 아니면 목소리엔 별문제가 없는 것 같다. 외모는 빼어난 미모보다 호감 가는 인상이 좋다. 정장 차림의 다소 보수적인 패션과 고른 치아를 가져 밝게 웃는 모습이 돋보일 수 있으면 좋다. 체중이 너무 많이 나가면 보는 사람들이 부담스러울 수 있다. 그렇지 않아도 카메라에 비치는 모습은 실제보다 기본적으로 몇 파운드 혹은 체중의 0.7% 가량 더 쪄 보인다고 한다. 얼굴에 큰 상처가 있거나 여드름이 심해 울퉁불퉁하다면 깨끗한 이미지를 줄 수 없다. 피부관리를 하거나 눈에 띄지 않게 보완을 해야 할 것이다. 이 외에 특이한 외양, 예를 들어 눈에 띄게 주먹코라거나 당나귀 귀처럼 튀어나온 귀를 가졌다면 사람들의 시선이 거기에만 쏠려 메시지 전달이 쉽지 않을 것이다. 예전에 필자가 방송국 입사시험을 치를 때 아나운서 지원자 중에 얼굴 반쪽을 다 덮을 만큼 큰 점을 가진 사람이 있었다. 눈이 사시여서 안타깝게 낙방한 사람도 있었다. 요즘은 성형술이 많이 발달되었으니 방송을 하는 데 정말 문제가 된다고 생각되는 외모는 수정·보완이 가능할 것이다.

    또 다른 신체적 요건은 체력이다. 방송이 일반 회사의 근무체계처럼 일정하지 않고 장시간 불규칙하게 일하는 경우가 있기 때문에 이를 감당할 수 있는 체력과 정신력이 있어야 한다. 철야방송을 한다거나 매일 새벽에 방송을 해야 할 때도 있고 악천후에서 혹은 열악한 상황에서 생방송을 해야 할 때도 있다. 어떤 상황에서건 방송되는 모습은 항상 표정이나 목소리 모두 활기차 보여야 한다. 또 여자라도 때로는 무거운 방송장비를 들어야 하는 경우가 있기 때문에 기본적인 체력을 갖추고 있어야 한다. 몸을 사리고 엄살을 부리는 것은 꼴불견으로 비치기 십상이다. 필자도 대선 개표방송으로 철야를 하면서 방송시간이 자꾸 연장되자 지치고 힘들어 스튜디오 밖에서 눈물을 흘렸던 적이 있다. 체력적인 것보다도 정신력이 나약했던 것이 지금 생각해도 부끄러운 일이다.

뉴스를 진행하던 J 앵커가 얼마나 고단했는지 갑자기 코피를 주르륵 흘려 보는 사람들이 놀라고 안쓰러워 했는데 당사자는 코피를 닦을 생각은 안 하고 입으로 들어온 피의 맛을 보기까지 했다고 한다.

감성적 요건

신체적 요건 외 강인한 정신력이 필수이다. 시간에 쫓기는 스트레스를 조절할 줄 알아야 한다. 단 30초짜리 스팟(spot)이나 예고방송이라도 보이지 않는 수백만 시청자를 대상으로 하는 만큼 긴장을 하게 된다. 그 긴장이 지나치지 않도록 본인이 조절을 해야 한다. 그렇다고 스트레스를 받지 않으려고 '적당히 하면 되지' 하는 생각은 금물이다. 시청자들은 방송인이 완벽하길 기대한다. 말을 실수하거나 발음이 틀리고 당황하는 모습을 비쳐선 안 된다. 인간이기 때문에 실수가 있을 수 있지만 방송환경은 그런 실수를 한없이 인내해주지 않는다. 처음부터 완벽주의가 되겠다는 생각과 노력이 필요하다. 만반의 준비를 했다 하더라도 무슨 돌발 상황이 발생할지 모르는 생방송에서 방송인의 침착성은 필수적이다. 문제가 생겼어도 동요하지 않고 별일 아닌 듯 침착하게 대처하는 것이 지혜롭다.

방송인도 생활인이고 사생활이 있는 만큼 여러 가지 이유로 시시때때로 자기 감정에 휩싸일 때가 있다. 아플 때도 있고 우울하거나 화가 날 때도 있다. 그러나 방송되는 모습에 그런 사적인 감정이 표출되어선 곤란하다. 또 방송 내용에 대해 개인의 감정을 과장시키거나 이질적이어서도 안 된다. 감정을 통제하고 인내할 줄 아는 정신력이 필요하다.

그러나 감정이 전혀 없는 듯 보여도 곤란하다. 여러 가지 뉴스를 전하면서 각 뉴스의 내용과 성격에 따라 감정 표현도 변화를 주어야지 똑같이 기계적으로 읽어선 안 된다. 어떤 앵커는 외모 자체가 무표정하게 있어도 약간 눈웃음을 짓는 것 같이 보이고 입술 선이 날렵해 밝은 인상이다. 하지만 이런 표정은 진지한 뉴스를 가볍게 만들어버릴 염려가 있다. 입으로는 충격적인 화재사고 소식을 전하면서 표정이 밝아 보인다면 시청자들은 거부감을 느끼게 된다. 괜한 오해를 받게 되는 당사자로서도 손해가 아닐 수 없다. 뉴스의 느낌을 전달할 수 있는 자기만의 방법을 찾아야 한다. 말의 강약이나 완급, 톤의 변화 혹은 눈빛으로 느낌을 실을 수 있다.

프로그램을 진행하다 보면 프로그램의 내용과 분위기에 따라 사회자의 감정도 자연히 몰입하게 된다. 그러나 슬픈 사연을 소재로 하면서 방청객 등 전체 분위기와 괴리되어서도 안 되지만 너무 휩쓸려서도 안 된다. 인간적인 모습을 보이되 감정을 잘 통제해 프로그램 진행에 지장을 주지 말아야 한다. 슬픈 감정만큼 통제하기 어려운 것이 웃음이다. 프로그램 NG 컷의 상당 부분은 출연자가 웃음을 참지 못하는 장면들이다. 생방송 프로그램에서 한번 터진 웃음은 정말 참기 힘들고 곤혹스럽다. 뉴스를 전하면서 웃음을 터뜨리는 경우도 있을 정도다. 웃음을 빨리 수습하기 위해서는 머릿속에 다른 진지한 상황을 떠올리는 것이 좋다. 녹화 중이라면 다시 NG가 없도록 옆에서 누가 고함을 치거나 화를 내는 표정을 지어주어도 좋겠다.

음성적 요건

아나운서로서 바람직한 음성은 다음 세 가지 요소로 정의할 수 있다.32)

- 저음에 밝고 공명(울림)이 있는 목소리
- 쉽게 이해할 수 있는 말의 속도
- 분명하고 깨끗한 발음

이를 위해서는 음량(volume), 음의 높이(pitch), 속도(rate), 음질(tone) 등을 개발해야 한다.

음량(volume)

소리가 크거나 작은 정도에 따라 에너지와 열정의 차이가 느껴진다. 작은 소리를 마이크나 오디오 콘솔(audio consol)로 조정할 수 있다고 생각하는 것은 잘못이다. 소프트한 목소리를 확성할 수는 있어도 약하고 활기 없는 건 달라지지 않는다. 계속 큰 소리로 말하는 것은 말을 하는 것이 아니라 떠들어대는 것이다. 늘 큰 목소리로, 혹은 늘 작은 목소리로 일관하면 듣는 사람으로 하여금 싫증나게 하고 흥미를 잃게 한다. 아나운서는 큰 소리에서 작은 소리까지 다양하게 구사할 수 있어야 한다. 단, 방송은 대부분 일 대 일의 대화체 어투여야 하는 것을 염두에 두어야 한다. 서구인들과 달리 한국인은 몸짓 언어가 적어 의사전달을 목소리에만 의존하다 보니 음이 높거나 강해 발음이 부드럽

---

32) Reese et al., op cit., p.44.

지 못하고 딱딱한 경향이 있다.

음 높이(pitch)

일반적으로 저음이 고음보다 듣기에 편하고 좋다. 따라서 남자의 음역이 여자보다 한 옥타브 정도 낮기 때문에 유리하다. 과거에는 단순히 저음에 또렷하고 활기 있는 발음을 기준으로 했으나, 지금은 저음 쪽을 강조하되 소리의 모든 영역을 다 구사할 것을 요구한다. 바람직한 음의 높이는 자기가 낼 수 있는 가장 낮은 음역으로부터 4분의 1 정도 위의 음역이라고 볼 수 있다. 저음을 내기 위해선 몸 전체에 긴장을 풀어 자세를 바로 하고 발성(vocal) 근육을 이완시켜 바른 호흡을 하는 것이 도움이 된다.

속도(tempo)

전반적인 말의 속도를 말한다. 글을 읽으면서 자기 목소리를 녹음해 들어보는 것이 좋다. 속도의 변화는 글의 분위기(mood)를 전달하는 데 도움이 된다. 알기 어렵거나 낯선 말은 느리게, 쉬운 말은 조금 빠르게 하여 전체적으로 느린 듯하면서 많은 양을 말하는 것이 바람직하다. 느린 속도는 슬프고 심각하게, 빠른 속도는 즐겁고 유쾌하게 들린다. 속도에 변화를 두거나 간격을 두면 단어의 의미를 강조하는 효과가 나타난다. 그러나 말이 빠른 것보다는 느린 것이 전달력을 높여 이해를 돕는다. 당황하면 자기도 모르게 말이 빨라지므로 주의해야 한다. 요즘의 방송은 빠른 어조가 많고 차분함이 없는 진행이 많다. 예전에는 뉴스의 속도가 1분간 300백자가 적당하다고 했는데, 요즘에는

350자 안팎으로 속도가 빨라졌다고 한다. 스스로 많이 느리다고 느낄 정도의 속도를 유지하는 것이 듣기에는 알맞다고 판단하면 좋을 것이다. 대부분의 사람들은 스트레스를 받게 될 경우 말을 빨리 하는 경향이 있다. 또 일반적으로 사람들은 듣고 이해하는 것보다 더 빠른 속도로 말하는 경향이 있으므로 의심스러울 경우에는 천천히 말하는 것이 좋다.

띄어 읽기(phrasing)

단어들을 그룹을 지어 읽는 것이 전달력을 높인다. 그러기 위해선 적당한 포즈(pause, 멈춤)와 호흡이 중요하다. 한 번에 읽어야 할 부분을 중간에 끊어 읽으면 의미가 단절되고, 한 문장의 끝과 다음 문장의 앞부분을 쉬지 않고 읽어버리는 것도 잘못된 경우이다. 흔한 예로 "아버지 가방에 들어오시다"와 같은 실수를 저지르는 꼴이 된다. 적절한 끊어 읽기가 되지 않으면 호흡도 빨라지고 입에 침이 고이게 된다. 침을 꼴깍 삼키는 소리는 의외로 마이크에 크게 잡힌다. 아나운서들은 침을 삼킬 때도 마이크에서 입을 멀리하고 삼킨다. 원고를 읽으면서 침을 잘못 삼키면 아예 발음이 죽어버려 우습게 된다.

음질(tone)

좋은 소리를 내기 위해선 폐에서 나오는 공기가 가슴과 목, 머리(입, 코)를 거치는 동안 소리가 공명되도록 긴장을 풀어야 한다. 2장에서 지적한 대로 너무 시종일관 똑같이 단조로운 톤(monotone)이나 반대로 노래를 하듯(singsong) 음이 자주 오르락내리락해도 귀에 거슬린다. 또

비음이 섞인 코맹맹이 소리나 허스키한 목소리 등은 좋은 음질이 아니다.

예전에 영화 상영관에서 듣던 대한뉴스식의 전형적인 아나운서의 억양은 노래하는 듯한 음에 가까웠다. 선배들이 그렇게 해왔고 후배들도 그대로 답습해왔던 게 사실이다. 하지만 요즘은 기존 틀에서 많이 벗어나 현대감각에 맞게 좀더 대화체적으로 되었고, 억양도 높낮이가 크게 없이 평이해졌다고 할 수 있다. 물론 아나운서적인 리듬은 일반 어법과 다르다. 기틀린(T. Gitlin)이라는 미국의 미디어 연구자는 텔레비전 아나운서의 획일화된 억양과 음률이 수용자들로부터 권위를 획득하는 것과 관계가 있다고 지적했다. 아나운서의 상례화된 리듬은 세상에 새로운 건 아무것도 없고, 어떤 것도 차분하게 보도되지 않을 게 없으며, 모든 것이 잘 조정되고 있으니 수용자는 안심하라는 메시지를 담고 있다는 것이다. 그래서 아나운서의 말투가 기존질서의 유지에 기여한다고 보기도 했다.[33] 일정한 틀에 짜여진 아나운서적 억양과 어법만으로는 메시지의 내용과 뉘앙스를 전달하는 데 한계가 있다는 생각을 하게 된다. 그 때문에라도 방송의 모든 장르를 망라하여 가장 바람직한 방송은 자연스럽게 대화하듯 말하는 것이다.

훈련된 아나운서는 어렵건 쉽건 매끄럽게 이어갈 수 있어야 한다. 위에 언급한 요건들을 제대로 갖추지 않은 아나운서의 경우 어려운 단어를 읽거나 말하는 데 잠시 머뭇거려 아마추어 같은 모습을 보인다. 또 무의미한 말, "어", "그", "저" 등을 남발하거나 우물거리는 부정확한 발음에, 문법적으로 맞지 않는 비문(非文)을 구사한다. 열정이 실리지 않은 맥없는 말투도 프로답지 않다.

---

33) 강준만, 『이미지와의 전쟁』, 개마고원, 2000, 70쪽.

애드립

방송인은 평상시 혹은 예상치 못한 상황에서 적절한 애드립(ad lib, 임기응변)을 구사할 수 있어야 한다. 뉴스캐스터나 앵커를 포함해, 특히 현장리포터, 스포츠캐스터, 요즘 각광받는 쇼 호스트 등도 애드립에 강해야 오래 살아남을 수 있다. 뉴스를 진행하는 동안 캐스터나 앵커는 생방송으로 현장리포터를 연결하는 경우가 잦다. 외국방송의 경우 앵커들이 기상캐스터나 교통정보 리포터를 연결하면서 즉흥적이고 사적이면서 유머러스한 애드립을 구사하는 모습을 흔히 볼 수 있다. 방송인지 사담인지 알 수 없을 정도로 자기들끼리 낄낄대고 박장대소하면서도 할 역할을 한다. 그런 애드립 또한 원고에 쓰여 있지 않을 뿐이지 사전에 서로 약속된 것일 때가 많다. 그에 비하면 우리의 방송은 상당히 경직되어 있다. 우스갯소리의 애드립은 토크쇼 사회자나 개그맨에게 기대하는 정도다. 우리의 경우 뉴스에서의 애드립은 예상치 못한 돌발 상황, 혹은 방송사고가 발생했을 때 어떻게 적절히 넘어가느냐 하는 정도다. 뉴스에서의 기본적인 애드립 기술은 각각의 뉴스 꼭지(segment)를 자연스럽게 넘기는 것이다. 앵커가 기상캐스터를 연결하면서 막 읽은 뉴스의 키워드나 문구를 인용하며 소개할 수도 있을 것이다. 예를 들면 "여야대립으로 정국이 얼어붙었는데 날씨도 춥습니까?"라고 할 수 있을 것이다. 심각한 뉴스에서 가벼운 뉴스로 꼭지를 넘길 때가 쉽지 않다. 목소리 톤의 변화라든가 표정으로, 혹은 뉴스 사이의 일시적인 침묵으로 느낌을 전달할 수 있을 것이다. 간혹 방송이 조금 일찍 끝났을 경우 시간을 메워주는 대사가 필요하다. 그럴 때 뉴스 프로그램이라면 논쟁이 되는 뉴스에 대해 언급할 수 있을 것이고, 토크쇼라면 방송한 내용을 바탕으로 간략히 개인적 느낌과 생각을 피력하면 좋을 것이다.

 현장리포터 또한 애드립 기술이 필수적이다. 애드립을 효과적으로 구사하기 위해서는 지식과 훈련, 자신감, 계획이 바탕이 되어야 한다. 현장 분위기를 묘사하는 데 있어 애드립이 발휘되어 실감 있게 전달해야 한다. 육하원칙을 바탕으로 하며 현장 스케치의 요령은 왼쪽에서 오른쪽으로 먼 쪽에서 가까운 쪽으로 이동하면서 리포트를 한다. 현장리포터는 노트나 기사의 아우트라인을 작성하되 매 구절을 상세히 적지는 않는다. 키워드나 중요 문구 정도를 적는다. 때로는 자기만이 알아볼 수 있는 속기를 하기도 한다. 반드시 유의해야 할 것은 불확실한 사실이나 추측을 보도해선 안 된다는 사실이다.

회화체

 방송에서는 편안한 대화자를 원한다. 그런데 편안한 대화를 한다는 것이 쉽지 않다. 우선 본인이 편안함을 느껴야 한다. 방송을 시작한다고 하면 긴장되고 신경이 예민해져 보고 느끼고 말하는 것이 편안할 수가 없다. 게다가 준비된 원고를 읽거나 카메라를 보고 말하는 것에 익숙하지 않기 때문에 메시지를 잘 전달한다는 것이 무척 어렵다. 카메라를 보고 말한다는 것은 보통 사람들이 흔히 하는 일이 아니기 때문에 결국 편안한 대화자가 되는 것은 쉽지 않은 일인 셈이다.

 우리는 일상적으로 나누는 대화에는 익숙하다. 아기가 울고 보채면 우유를 주는 것에서부터 언어적 혹은 비언어적 방법으로 의사표시를 하면 그에 대한 반응을 얻는다. 즉 고개를 끄덕이거나 미소를 지을 것이다. 자기가 말을 하는데 상대방이 시계를 본다거나 하품을 하면 그의 흥미를 다시 끌기 위해 대화 방법을 달리하게 된다. 그런데 카메라를 보고 말을 한다는 것은 상대방의 반응(feedback)이 없는 상황인 셈이다. 카메라를 보고 메시지를 전달하지만 상대방의 반응을 볼 수 없기 때문에 대화체로 들리게 하는 요소들, 즉 말하면서 강조할 부분이나 억양에 미묘한 변화를 줄 수 없게 된다.

편안하게 대화체로 방송하기 위해 도움이 될 만한 몇 가지 요령이 있다. 먼저 준비한 원고에 강조해 전달할 부분, 핵심 내용을 표시하는 것이다. 아무리 노련한 방송인이라도 예독(豫讀)하지 않은 원고를 바로 읽기란 쉽지 않다. 간혹 속보나 긴급뉴스(breaking news) 등을 생방송 중에 전달해야 하는 경우가 있지만, 대부분 방송에 앞서 충분한 준비와 연습을 하지 않으면 안 된다. 어려운 발음의 단어도 연습을 많이 하면 익숙해지므로 발음이 엉겨 미숙해 보이고 신뢰도를 떨어뜨리는 일이 없도록 해야 한다.

방송을 대화체로 하기 위해서는 누군가에게 말하는 것을 상상하는 방법이 있다. 물론 카메라를 보고, 혹은 라디오 부스에 앉아 벽을 보며 그런 상상을 한다는 것은 쉽지 않다. 평소 제일 가까이 있는 얼굴들, 즉 동생이나 친구, 이웃들이 아마 가장 편한 말상대일 것이다. 친한 사람에게 어떤 이야기를 들려줄 때 자신이 어떻게 하는지 생각해보라. 이야기를 재미있게 전달하기 위해 강조할 부분에선 감정을 섞어 속도를 늘렸다 줄였다 변화를 주면서 말의 맛을 살리는 방법을 스스로 알고 있다. 또 듣는 상대의 반응을 보면서 이런 말의 기술을 조절할 수 있다. 여기서 상상의 인물은 한 사람이어야 한다. 바람직한 대인관계의 커뮤니케이션은 일 대 일의 대화이다.[34] 전화상의 대화를 생각해보면 목소리를 들으며 보이지 않는 상대방의 얼굴과 장소를 상상해볼

---

34) McCoy, op cit., p.149.

수 있다. 전화의 부재중임을 알리는 메시지를 녹음할 때 마음속에 누군가 실제 인물을 떠올리며 녹음을 한다면 책을 읽는 듯한 딱딱한 느낌을 줄일 수 있을 것이다. 이 같은 상상법은 스포츠나 무대에서도 사용된다고 한다. 많은 스포츠 선수들이 자신이 좋은 점수를 내는 것을 상상하는 것이 실제로도 도움이 된다고 한다. 무용수들도 상상을 통해 무대를 이리저리 힘들이지 않고 뛰어다닌다고 한다. 이런 방법으로 방송에서 카메라를 쳐다보며 친근한 얼굴을 상상하고 그에게 말한다면 편안한 대화를 할 수 있을 것이다. 메시지를 전달하는 데 필요한 감정 몰입에도 도움이 될 수 있다. 방송 직전 FD가 손을 들어 카운트다운을 시작하면 아주 친한 누군가를 떠올리며 "내 말 좀 들어봐. 세상에 이런 일도 있네"라고 속으로 말한 후 큐 사인을 받는 것이다. 그러면 자연 목소리에 감정이 담기게 된다. 아이들에게 동화책을 큰 소리로 읽어주는 것도 연습이 될 수 있다. 충분히 감정을 담아 읽는지 무미건조하게 읽는지는 아이들의 표정을 보면 금방 알 수 있을 것이다.

　뉴스의 경우 밝은 내용과 무거운 내용에 따라 목소리에 실리는 감정이 달라지겠지만, 뉴스는 과장된 감정이입은 삼가야 한다. 감정을 실어 전달하면 좀더 인간적으로 느껴진다. 하지만 진지해야 하며 보편 타당한 감정이어야 한다. 가식적인 감정이나 툭 잘라진 감정은 전달력이 떨어진다. 원고를 훑으며 청취자를 생각하고 발성하기 전 감정도입을 하는 것은 청취자와의 인간적 커뮤니케이션이라는 느낌을 만들어낼 수 있다. 결론적으로 최고의 방송인은 시청자와 편안하게 대화하는 사람이다.

필자도 생방송 중 웃음을 참지 못해 애를 먹었던 경험이 있다. 신참 아나운서였던 시절, 병아리 감별에 관한 소재로 스튜디오에 병아리를 가져다 놓고 프로그램을 진행하던 중이었다. 함께 진행하던 남자 아나운서가 강아지를 어르듯 병아리 부리에 손을 갖다 대더니 갑자기 그 작은 부리에 쪼여 비명을 지르며 손을 감싸고 아파하는 것이었다. 그 모습을 보자 웃음이 터지고 말았다. 햇병아리였던 필자에게 있어 까마득히 우러러뵈는 대선배이자 대하기 어려운 직장 상사였던 그분의 권위가 한순간에 무너지는 나약한 모습이라니. 한번 터진 웃음은 다리를 꼬집어가며 참으려 했지만 멈추질 않았고 한참이나 카메라를 쳐다보지 못했다. 지금 생각해도 그렇게 아팠을까 궁금하다.

12장 아나운서와 앵커는 다른가?

프로그램의 종류가 드라마, 음악, 공개오락, 교양, 뉴스, 다큐멘터리, 토론, 기타 각종 특집 프로그램들이 있듯이 방송인의 역할도 다양하다. 물론 DJ나 성우, 다큐멘터리 나레이터 등 라디오 영역에서의 역할도 많다. 연기자나 가수, 개그맨 등 연예인들을 제외하고 TV 화면 전면에서 볼 수 있는 역할은 앵커, 리포터, MC, 스포츠캐스터, 그 외 최근 케이블 방송에서 볼 수 있는 쇼핑채널 호스트 등을 들 수 있다. 토크쇼 MC와 토론 프로그램 사회자의 역할은 다음 장에서 살펴보도록 하겠다.

방송을 하는 사람은 누구나 방송에 앞서 편안하고 익숙한 분위기를 만들기 위해 스스로 노력해야 한다. 평상시의 기본자세도 중요하다. 직접 사용하게 될 다양한 종류의 방송용 마이크 등 방송기기에 익숙해져야 한다. 프롬프터를 사용하게 된다면 말하는 속도와 맞도록 익혀두는 것도 필요하다. 아울러 각 방송기술 분야에 대한 이해를 넓히고 관계자들과 교류해 친분을 쌓으면 함께 일하기가 수월하다. 큐 사인에 익숙해지기 위해서는 방송 전 FD와 늘 대화하여 여러 가지 큐 사인의 특색을 파악한다. 또 항상 스태프들의 전문성을 존중하며, 잘난 척하지 않고 "감사합니다", "고생하셨습니다"라는 말을 잊지 않는다.

흔히 아나운서 교육을 시킬 때 선배들이 자주 하는 말이 "방송은 실수를 용납하지 않으며, 익숙해질 때까지 기다려주지 않는다"라는 것이다. 시청자들은 아마추어가 아닌 프로의 모습을 기대한다. 그렇기 때문에 평상시의 연습과 훈련이 필요한 것이다.

뉴스앵커 및 리포터

아나운서들의 업무에 있어 뉴스는 기본이며 그 비중이 크다. 그렇기 때문에 읽기(reading) 훈련을 게을리 하지 않고 생활화한다. 이미 숙달된 아나운서라 하더라도 뉴스를 전하면서 말이 꼬여 애를 먹는 경우는 드물지 않다. 일종의 슬럼프처럼 그 시기가 길어지기도 한다. 그럴 때는 신인의 자세로 돌아가 읽기 훈련을 열심히 하는 수밖에 없다. 필자도 아나운서 지망생들을 지도할 때 뉴스 원고를 기본교재로 삼는다. 인터넷을 통해 실시간 뉴스 원고도 참고할 수 있겠지만, 언제 어디서든 연습교재로 손에 잡을 수 있는 것은 신문이다. 또 정치·경제·사회 전반에 걸쳐 시사 뉴스에 대한 안목을 키우는 데도 도움이 된다. 뉴스를 읽는 데는 어느 정도 일정한 틀이 있고 테크닉이 필요하다. 하지만 중요한 것은 충분한 '예독(豫讀)'을 통해 뉴스 내용을 완전히 이해한 다음 전달해야 한다는 것이다. 스튜디오의 프롬프터를 사용한다 하더라도 종종 제 기능을 못할 때가 있다. 프롬프터를 보고 있는 동안에도 원고를 읽을 수 있도록 충분한 준비가 필요하다. 라디오 뉴스가 좀더 정통 뉴스 스타일로 청각에 호소하는 것이라면 텔레비전 뉴스는 시각과 청각에 동시에 호소하기 때문에 자연스러운 회화체에 가깝다. 목소리와 함께 눈빛과 표정으로 뉴스의 성격을 표현할 수 있다.

훈련

뉴스를 읽는 데는 호흡과 띄어 읽기, 발음이 중요하다. 호흡과 띄어 읽기가 잘못되면 소리도 제대로 나오지 못하고 입 안에 침이 괴거나 반대로 입 안이 말라 발음이 안 된다. 발음이 자꾸 꼬이면 당황하게 되고, 그러면 긴장으로 호흡도 거칠어져 악순환이 계속된다. 사실 아나운서라면 누구나 경험해보는 일이다. 필자는 뉴스를 공동으로 진행하면서 상대방이 얼마나 자주 '씹는가'를 내기한 적도 있다. 틀리지 말고 열심히 하라고 서로를 독려하는 뜻이기도 하지만 그럴 경우 오히려 더 많은 실수를 하기도 한다. 사람마다 유독 발음하기 어려운 말들이 있다. 말 그대로 혀가 꼬이는 말(tongue twister)인데 평소 멀쩡히 발음하다가도 실수로 한번 꼬이면 고약스럽게도 여러 번 반복하게 된다. 자꾸 발음이 꼬이자 본인도 어이가 없어 생방송 중인데도 "피식"하고 실소를 하는 NG 장면도 볼 수 있다. 그런 발음일수록 한 호흡을 쉬고 다시 발음하는 여유가 필요하다.

리포터나 앵커로서 기술을 닦기 위해선 여러 장소에서 걷고 말하고 동시에 듣는 연습이 필요하다. 앵커나 리포터는 스튜디오 혹은 현장에서 방송 중 TV 조정실과 연결이 되어 연출자와 의사소통을 할 수 있는 이어폰을 낀다. 주위의 소음에 개의치 않고 방송에 집중하기 위한 집중력 훈련이 필요하다. 방송지망생이나 초년생들은 라디오를 갖고 다니며 토크쇼 프로에 주파수를 맞추고 이어폰을 통해 라디오를 들으면서 실제 리포트를 하는 것처럼 연습하는 방법이 있다. 걸으면서 말하고 듣기를 동시에 하는 것은 엄청난 집중력을 필요로 한다.

대사(멘트)

뉴스앵커나 리포터나 논리적인 요약을 통한 전달력, 애드립, 탁월한 인터뷰 능력이 필요하다. 개인의 주관을 개입시키려는 교만을 삼가고, 추측보도가 아닌 사실보도를 해야 한다. 주로 스튜디오에서 뉴스를 진행하는 앵커는 뉴스의 모든 말을 짧고 논리적이며 알기 쉽게 진행해야 한다. 우리나라 앵커의 도입부 멘트(lead ins)가 미국, 영국, 일본보다 너무 길어 전달력이 떨어진다는 연구가 있다.[35] 수동형보다는 능동형으로, 같은 부정적인 내용이더라도 부정문보다 긍정문으로, 예를 들면 '성공하지 못했다'보다는 '실패했다'의 형태를 쓰는 것이 좋다. 최근 방송에 자막이 지나치게 많이 사용되고 있는데, 친절한 서비스라고 볼 수도 있지만 뉴스에 자막이 많은 것은 리포트나 화면만으로 사실적 보도에 자신이 없는 것으로 볼 수 있다는 지적도 있다.

현장리포터는 현장에서 30~40초 시작(opening) 멘트와 중간의 연결(bridge) 멘트, 마무리(closing) 멘트를 준비해야 한다. 이것은 취재 내용에 있어 가장 중요한 부분들이다. 카메라를 쳐다보며 리포트를 하므로 암기해야 하는데, 시청자들이 전체 내용의 메시지를 이해할 수 있도록 자연스런 대화체로 해야 한다. 좋은 기사작성은 물론이고, 회화체적인 리포트를 함으로써 시청자에게 '편안한 전달자'로 다가갈 수 있는 것이다. 일방적으로 원고를 읽는 것이 아니라 시청자를 앞에 두고 설명하듯이 말을 하면 효과적이다. 자기가 작성한 기사라도 전부 외울 수는 없으므로 카메라맨과 협의하여 자료화면으로 넘어가기 전 카메라에 비치는 동안의 길지 않은 대사는 암기하도록 한다.

앵커는 용모와 태도에서도 신뢰감과 자신감을 줄 수 있어야 한다.

---

35) 민현식, 「방송과 언어」, 이주행 편, 『방송화법』, 역락, 2000, 43쪽.

발음을 정확히 하고 세련된 진행을 할 수 있는 자기만의 테크닉이 필요하다. 리포터 또한 자기만의 개성을 지닌 보도를 할 수 있도록 표정이나 억양, 보도기법, 사용언어 표현 등에 독창성을 갖는 것이 좋다. 현장 리포트에서는 생동감 넘치는 보도를 위해 현장 분위기를 묘사하는 능력이 필요하다.

자세

앵커는 데스크가 편한지 방송 전에 꼼꼼히 살펴 불필요한 움직임으로 시청자들의 시각을 흐트러뜨리지 않게 한다. 늘 자신의 방송을 모니터하는 것이 좋다. 필자가 한번은 방송이 끝나고 타이틀 음악이 나가는 동안 카메라가 앵커들을 그대로 잡고 있는데 자리에서 발딱 일어나 나가버리는 컷이 잡혀 지적을 당한 적이 있다. 큐 시트와 달랐다 해도 스튜디오 모니터를 끝까지 살펴보았어야 했는데 부주의했던 탓이다. 뉴스를 진행하는 동안 스튜디오 카메라가 자신을 잡은 컷이 넘어가거나 탈리 램프가 꺼질 때까지 같은 자세를 유지해야 한다. 만일 큐 사인이 잘못되어 계속 자기 컷을 잡고 있다면 원고로 시선을 던지는 것이 제일 무난하다. 그래도 카메라 컷이 안 넘어가고 방송사고가 생기면 그때는 적절한 애드립이 필요하다.

통상 우리나라 앵커들은 방송이 끝나고 나서 공동 진행한 앵커(co-anchor)와 스태프들에게 고생했다는 인사를 나누며 뉴스 원고를 정리한다. 외국 방송의 앵커들처럼 자연스럽게 웃으면서 사적인 대화를 나누는 모습에 비해 다소 경직된 느낌이다. 방송 뒤의 모습을 궁금해하는 시청자들을 위해 좀더 자연스럽고 편안한 모습을 연출하는 것도 좋을 것이다.

리포터는 자신의 몸짓이 적절한가를 살펴야 한다. 긴장하지 않고 편안한 상태를 유지한다. 방송 도중 몸이 흔들거리거나 좌우로 고개를 까딱거리지는 않는지 평소 모니터가 필요하다. 마찬가지로 큐 사인을 받기 전 카메라 앞에 서면 그 자세로 고정하고 방송이 끝난 뒤에도 완전히 끝났다는 사인이 날 때까지 방송하는 자세를 풀지 않는다. 또 마이크는 스탠바이에서부터 끝나고 나서까지 켜져 있을 수 있다는 사실을 잊지 말아야 한다.

의상

현장을 취재하는 리포터는 외모가 현장과 어울리도록 머리와 옷차림 등에 신경을 써야 한다. 정치나 경제 관련 리포트라면 넥타이를 맨 정장 차림을 하는 것이 좋다. 사건·사고 현장이나 농어촌, 혹은 전장, 경기장 등의 장소라면 또 그 분위기에 맞는 의상을 갖추어야 한다. 일례로 건설 현장에서 리포트를 한다면 안전모를 착용하고, 실험실이라면 가운을 입고 리포트를 하는 것이 현장감을 살릴 수 있다.

스튜디오에 앉아 방송을 하는 앵커는 세트의 배경 색에 따라 의상을 맞추고, 자연광과는 다른 스튜디오 조명에 맞게 분장을 한다. 주로 의자에 앉아 방송하지만 때로는 서서 역동적인 모습으로 방송하는 경우도 있다. 그럴 때는 양말과 구두까지 신경 쓸 부분이다.

움직임

현장리포터의 움직임은 제약을 받는다. 화면구성을 이해하고 카메라감독과 협의해 필요할 때만 움직인다. 현장 스케치를 할 때는 건물이나 상징적인 배경 앞에 서서 부동자세로 하기보다 움직이면서 말하는 것이 좋다. 왼쪽에서 오른쪽으로, 먼 데서 가까운 쪽으로 움직이거나 목표물을 가리키며 리포트한다. 필자는 아나운서 초년 시절 5~6명을 대상으로 동시 인터뷰를 하면서 카메라 샷을 무시하고 마음대로 좌우로 왔다 갔다 마이크를 들이대다가 고참 카메라감독에게 혼쭐난 적이 있다.

준비

앵커는 데스크 아래 물 한 잔과 화장 콤팩트, 크리넥스 티슈를 준비해 재채기가 나오거나 입이 마를 때를 대비한다. 차가운 오렌지 주스 한 잔을 가까운 거리에 준비해두면 갑작스런 딸꾹질을 멈추는 데 도움이 된다. 사실 방송을 할 때는 긴장을 하기 때문에 재채기나 딸꾹질이 나오는 경우는 극히 드물다. 그런 생리적인 현상은 긴장이 다소 풀려 있는 상태에서 자연스럽게 나오는 것이기 때문이다. 입이 너무 마르거나 침이 너무 고여도 원고를 읽는 데 지장을 받는다. 그래서 호흡과 띄어 읽기가 중요한 것이다. 침을 삼키면서 호흡이 어긋나면 자칫 사레가 들 염려가 있다. 이것이야말로 통제가 되지 않는 부분이다.

방송인이라면 누구나 자기 나름대로 목을 보호하기 위한 노하우가 있을 것이다. 기본적으로는 몸의 상태가 좋아야 목소리도 건강하게 나온다. 감기에 걸리지 않도록 주의하는 것이 원칙이다. 방송 직전 목을 틔운다고 헛기침을 자주 하는 사람들이 있다. 그것은 오히려 목에 자극이 되어 좋지 않다.

> 극심한 폭우로 긴급 편성된 수해 특별방송을 장시간 진행하느라 점심도 걸렀던 C 앵커가 현장으로 것이 넘어간 막간을 이용해 김밥 한 조각을 입에 넣었다가 갑자기 스튜디오 것이 넘어오는 바람에 뱉을 수도 없고 그냥 통째로 꿀꺽 삼켜버렸다. 목이 막혀 한동안 말을 잇지 못한 건 당연지사.

스포츠캐스터

스포츠 경기의 전면에서 경기진행 상황을 시청자에게 생생하게 전달해주는 사람이 스포츠캐스터이다. 마치 현장에서 보는 듯한 느낌을 받을 수 있도록 실감 나는 대사로 활력을 불어넣으면서 스포츠팬들의 관심과 흥미를 끌어낸다. 스포츠캐스터는 중계하는 종목에 관한 해박하고도 전문적인 지식을 갖추어야 하며, 긴 시간 방송에도 지루하지 않도록 재미있고 흥미진진한 중계를 해야 한다. 스포츠 중계 대사는 분명하고 간결한 단어와 문장을 사용하는 것이 가장 효과적이다. 그리고 선수들의 움직임에 따라 박진감 있게 말의 속도와 억양을 변화시킴으로써 단조로움을 줄인다. 흔히 스포츠캐스터는 입담이 좋아야 한다고 한다. 지난 월드컵 대회에서도 캐스터들이 촌철살인(寸鐵殺人)의 비유와 명대사로 경기와 더불어 보기 드문 인기를 모으기도 했다. 스포츠팬들은 같은 경기를 중계하더라도 자기가 좋아하는 캐스터를 따라 시청하는 경우가 많다. 우스갯소리로 사막 한가운데 떨어져도 3시간은 중계할 수 있을 정도로 입담이 좋아야 한다고 한다. 하지만 더듬거리는 모습 못지않게 바람직하지 못한 것이 숨넘어갈 듯 줄기차게 떠드는 것이다. 어떤 캐스터는 잠시라도 공백이 있으면 큰일 날 것처럼 계속해서 말을 잇는다. 그렇게 하면 체력적으로도 문제가 생기려니와 듣는 입장에서도 말을 생각하고 음미할 겨를이 없어 곤란하다.

　유능한 스포츠캐스터는 경기장에서 벌어지는 실제 상황 그대로를 중계를 해야 하므로 경기상황을 즉각적으로 묘사할 수 있는 능력이 필요하다. 또 말의 속도감과 순발력, 임기응변, 재치가 요구된다. 그러나 스포츠 중계의 관건은 경기와 관련된 정보를 어느 만큼 준비해놓고 있느냐이다. 경기진행뿐 아니라 경기 전망, 팀 작전, 기술 등도 설명할 수 있을 만큼 경기규칙과 전문적 지식을 갖고 있어야 장시간 중계를 하는 데 어려움이 없다. 경기의 규칙이나 진행방식을 잘 이해하지 못하거나 용어를 잘못 구사하고 경기 결과를 오도하면 전문가에 가까운 스포츠 마니아들의 질타와 항의를 받게 된다. 그런 일이 없도록 하기 위해서라도 자료수집과 사전 연구분석 등 철저한 준비가 필요하다. 선수의 신변잡기도 정보로서 충분히 활용할 소재이다. 소재가 다양해야, 즉 말할 거리가 많아야 장시간 중계가 가능하다. 특히 대본 없는 드라마라 할 만큼 의외성 많은 야구경기는 중계방송 전에 최소한 2시간 이상 분량으로 팀과 각 선수들에 관련한 최신 자료를 분석하는 것이 보통이라고 한다.

　한 종목에 능통한 캐스터가 되기 위한 노력도 결코 쉽지 않다. 자기만의 노하우가 있겠지만, 남이 알아볼 수도 없게 깨알같이 쓴 자료집을 보물처럼 여기는 캐스터가 있는가 하면, 허공에 대고 열심히 중계연습을 하는 캐스터들의 눈물겨운 노력도 있다. 효율적인 중계를 위해 자주 사용하는 동의어 리스트를 작성해 활용하면서 다양한 표현을 구사하는 노력을 하기도 한다. 그런데 과장된 표현이나 상투적인 용어, 흡사 전쟁이라도 치르는 듯이 과격한 전쟁 용어를 남발하지는 말아야 한다. 캐스터가 되기 위한 교본이 따로 있는 것이 아니므로 우선 스포츠를 스스로 좋아하고 전문지식을 쌓으면서 선배들이 중계하는 방송을 끊임없이 모니터하고 모방하는 훈련을 통해 자기만의 스타일을 찾을 수 있을 것이다.

스포츠 용어의 상당수는 일본에서 변형된 잘못된 영어로 실제 영어권 외국인들이 이해하지 못하는 경우가 많다. 올바른 스포츠 용어를 사용해야 한다.36) 예를 들면 배구경기에서 볼이 코트 안에 떨어졌을 때는 'safe'가 아니라 'in'이라고 해야 옳다. 외국팀과의 원정경기를 중계할 때 선수와 코치, 감독의 이름, 또 그곳의 지명 등을 정확한 원어 발음으로 익혀 막힘 없이 술술 나올 수 있게 해야 한다.

스포츠캐스터의 목소리로는 시끄러운 경기장 내 소음까지 압도할 수 있는 크고 장쾌한 목소리가 적합하다. 만일 스포츠캐스터의 목소리가 아주 고음이나 비음이 섞였다면 청취자들은 계속해서 그 중계를 듣기가 짜증 날 수 있다. 체조나 수중발레, 볼링 등 여성스러운 종목이나 움직임이 적은 스포츠 종목은 여자 캐스터들이 주로 중계를 맡는다. 한때 여성 캐스터가 야구중계를 시도한 적이 있었는데 금속성의 찢어지는 듯한 목소리 때문에 채널은 저절로 돌아갔다. 낮고 겁먹은 목소리, 고저장단 없는 코맹맹이 소리, 스튜디오식 차분한 목소리 또한 스포츠 중계에는 부적합한 목소리이다. 경기 흐름이 고조된다고 해서 관중들과 같이 흥분해 소리치는 것은 오히려 미숙한 인상을 주며 목에도 무리가 간다.

경기종목마다 템포와 리듬도 제각각이다. 이에 따라 중계하는 말 또한 단순히 말을 빨리 하기보다 리듬과 속도를 맞추어야 한다. 스포츠 중계는 체력소모가 많기 때문에 리듬을 타지 않으면 쉽게 지치고 만다. 말을 많이 해야 하는 야구경기 중계를 무려 4시간 넘게 하는 경

---

36) 최한수, 『TV는 스포츠로 먹고 산다』, 법원사, 1998, 200쪽.

우도 드물지 않다.

스포츠캐스터는 함께 방송하는 해설자와도 호흡이 잘 맞아야 한다. 해설자의 말을 가로채거나 자신의 지식을 과시하려 하는 것은 좋지 않다. 캐스터는 경기상황 전달에 충실하고 해설자는 경기규칙이나 이론으로 뒷받침해야 한다. 해설자와의 개인적 교류를 통해 서로의 신뢰를 쌓을 필요가 있다.

넓은 경기장의 중계석에서 움직이지도 못하고 몇 시간씩 중계를 하기 위해서는 화장실에 미리 다녀오는 대비가 필요하다. 탄산음료를 마시면 가스나 트림이 나오기 쉬우므로 중계를 몇 시간 앞두고는 마시지 않는 것이 좋다.

야구경기장 수십 대 카메라 가운데는 크레인 위에서 야구장 전면을 멋지게 비춰주는 카메라도 있다. 수십 미터 상공에 올라가 네다섯 시간씩 있다 보면 생리작용이 있을 수밖에. 그렇다고 크레인 아래로 내려올 수도 없는 일. 아주 간혹 그 위에서 요령껏 볼일을 보는데 사람들은 맑은 하늘에서 잠깐 빗방울이 떨어지는가 보다고 생각할 수밖에.

쇼핑채널 호스트

케이블 쇼핑채널의 호스트는 새로이 부상하는 방송 전문 분야 중 하나이다. 장기적 시장성에 대한 논란의 여지나 사회적인 부정적 반향 등의 문제도 있지만, 케이블 채널 수가 꾸준해 방송인으로선 활동영역이 더 넓어진 셈이다. 또 판매실적에 따라 억대의 연봉을 받는 사람도 있어 방송 지망생들에게는 충분히 매력 있는 방송직이다. 물론 그동안 쇼핑채널을 통해 주부가 월 2억 원어치의 상품을 구매하는 비정상적인 구매 행태라든가, 허위 과장광고 등으로 쇼핑채널의 부정적인 측면이 부각되어 사회적 물의를 빚기도 했다. 또 보석류 등 고가의 제품을 주로 심야시간대에 편성해 남편의 늦은 귀가를 기다리며 무료함을 달래느라 쇼핑채널을 시청하는 주부들의 소비심리를 부추기는 면도 있다. 실제로 심야시간대 보석류가 제일 잘 팔린다고 한다. 쇼핑채널이 오로지 제품을 많이 판매하겠다는 목적 외에 밝고 건강한 방송영역으로서 자리 잡기 위한 자세와 노력이 필요하다. 아울러 방송인으로서의 자세와 자질도 갖추어져야 할 것이다.

알다시피 쇼핑채널에서 다루는 제품 아이템은 다양하다. 보석류에서부터, 조리기구, 의류, 스포츠용품, 가구, 건강식품, 심지어 김치나 반찬까지 폭넓다. 또 가격대도 수백만 원에서 2~3만 원까지 천차만별이다. 그리고 주요 고객층은 주부들이다.

쇼핑채널 호스트 역할의 가장 중요한 핵심은 물론 가능한 한 많은 제품을 팔아야 한다는 것이다. 장시간 혹은 연장된 방송시간을 이끌 수 있는 애드립은 필수이다. 보통 1~2시간의 방송에 한 가지 제품을 설명하는데, 끝까지 열정을 잃지 않고 지친 기색 없이 제품과 제품의 실용성을 설득력 있게 묘사하여 시청자들을 흥미롭게 이끌어야 한다. 규칙적으로 주문에 필요한 제품번호와 가격을 고시하고, 특가품임을 강조하거나 주문마감 시간이 임박했고 주문수량이 얼마 남지 않았음을 언급하며 구매욕을 자극한다. 이것은 소비자를 설득하기 위해 소위 희귀성의 법칙을 이용하는 셈이다. 즉 소비자에게 상품의 물량이 부족해 머지않아 떨어질 것이라는 '한정판매전략'이나 시간이 얼마 없으며 지금 구매를 하지 않으면 나중에 더 비싼 가격으로 구입해야 한다거나 구입하기 어려울 것이라고 말하는 '마감전략'을 쓴다.[37] 그런데 호스트들은 이것을 너무 남발하는 경향이 있다. 소비자에게 상품의 가치를 높이려는 의도겠지만 방송인의 신뢰성이 바탕이 되어야 할 것이다.

쇼핑채널 호스트는 확실히 말재주가 있어야 유리하다. 또 최소한 자기가 판매하려는 제품에 대해 관심을 갖고 전문가에 가까운 지식을 가져야 한다. 제품과 제조업자, 사용용도, 그 외 흥미로운 부수적 정보에 대해 많이 알수록 열정적이고 충분한 설명이 용이해진다. 평소 요리나 카메라, 보석 혹은 수집 등을 취미로 하는 것도 도움이 될 수 있다. 정확하게 말하는 능력과 설득력 있게 설명하는 능력에다가 전문지식을 늘리면 일할 기회가 더 많이 주어질 수 있을 것이다. 하지만 말하는 재주에만 전적으로 의존해선 안 된다. 꼭 사용하진 않더라도 사소한 내용까지 가능한 한 많은 정보를 축적하고 있음으로써 프로그램을 매끄럽게 진행할 수 있다. 수분 동안 똑같은 내용을 되풀이하기만 하고 할 말이 없다는 것은 여간 고통스런 일이 아니다.

스포츠용품이나 운동기구, 공구, 자동차용품 등을 제외하고는 대부분 구매 시청층이 여성임을 감안할 때 어떤 이미지로 다가갈 것인가 방향을 설정할 수 있을 것이다. 우선 친근한 이미지가 좋다. 진지하면서 재밌고 식견이 있어 보이면 신뢰감을 느낄 수 있을 것이다. 명품이나 고급 의류를 소개하는 호스트라면 세련되고 새로운 감각을 갖고 있거나 첨단유행을 따르는 사람처럼 보이는 것이 좋겠다. 하지만 시청자들이 너무 거리감을 느낄 정도여선 안 된다. 친구처럼 느낄 수 있고 위압감이 느껴지지 않으면서 동경할 만한 이미지가 적당하다.

쇼핑 프로그램은 상품의 판매를 목적으로 제품이 우선이지만 호스트는 프로그램의 주인으로서 재미있게 이끌며 상담하는 역이다. 제품

---

37) 로버트 치알디니, 앞의 책, 336쪽.

사용 요령이나 경험을 나누면서 제품에 대한 흥미를 유도하며 익살맞은 농담도 호스트만이 할 수 있다. 또 선전하려는 제품회사의 관계자를 게스트로 해 방송하는 경우 방송에 익숙한 사람도 있겠지만 처음 경험이라 도움이 필요한 사람도 있다. 여느 토크쇼와 마찬가지로 쇼가 잘 진행되게 하면서 가급적이면 게스트를 성공적으로 잘 보이게 만드는 것이 호스트의 임무이다.

미국의 전문 쇼핑채널인 QVC에서 호스트 선발을 위한 오디션을 하는데 아마추어 배우에서부터 전문 방송인, 혹은 경험이 전무한 사람까지 수백 명의 신청자가 몰린다고 한다. 2분간 제품을 팔게 하는 오디션을 통과한 사람은 세일즈 억양으로 제품설명에 충실하기보다 대화체로 알아듣기 쉽게 설명한 사람들이었다고 한다. QVC의 부사장은 "가장 친한 친구를 대하듯 카메라를 보고 말할 수 있는 능력이 필요하다"라고 말했다.[38]

우리나라 쇼핑채널의 호스트들은 공통적인 특징이 있다. 지나치게 높은 음(high pitch)으로 흥분한 듯 과장된 감정 표현을 섞어 기계적으로 설명한다. 공동 진행의 경우에는 경쟁적으로 쉴 새 없이 말을 이어 구매자가 듣고 생각할 여유가 없게 한다. 지나친 존대어법과 비문(非文) 사용이 빈번하며 경음화 발음이 강하다. 예를 들면, 쌔것(새것), 꽁짜(공짜) 등의 발음이다. 몇몇 주목받는 쇼 호스트들은 확실히 차별성을 갖고 있다. 목소리가 안정감 있고 편안한 톤을 유지하며, 말의 속도도 변화 있게 조절하고 전체적으로 여유 있고 감칠맛 나는 설명을 한다. 밝은 인상으로 진지하게 프로그램을 주도해가는 것을 볼 수 있다.

---

[38] David E. Reese, Mary E. Beadle and Alan R. Stephenson, *Broadcast Announcing Worktext*, Focal Press, 2000, p.130.

효과적 접근

구매자에게 효과적으로 다가가기 위해서는 먼저 구매자의 입장에서 궁금한 것이 무엇인지 생각한다. 호스트의 직접 체험담으로 구매의 욕을 자극하고 신뢰감을 전한다. 강조할 내용을 반복하되 변화와 다양성을 주며, 제품에 대한 사실적인 정보 외에 관련 토막상식을 이용하여 재미를 주는 것이 좋다. 무엇보다 여성들의 심리와 관심을 이용하면 유리하다. 여성들의 주된 관심사인 육아와 자녀교육, 피부, 젊음 등에 초점을 둔다. 상품의 가격대에 따라 구매층의 특성을 고려해 타깃을 설정하는 것이 중요하다. 끝으로 방송의 신뢰성을 손상시키지 않도록 과장광고나 허위광고는 삼간다. 사실이 아니거나 근거가 불확실한 표현을 쓰고, 식품을 의약품으로, 일반 화장품을 기능성 화장품으로 오인하게 하는 등 우리나라 쇼핑채널들의 소비자 기만 사례가 위험수위를 넘었다는 지적을 많이 받고 있다.

제품을 실제로 보고 만질 수 있는 것이 아니므로 제품에 관한 설명과 함께 호스트의 움직임과 제스처에 시청자의 시선이 가게 된다. 따라서 시청자에게 긍정적인 느낌을 전달하기 위해선 카메라 앞에서의 호스트의 움직임이 중요하다.

- 카메라가 클로즈업할 때 제품이 흔들리지 않게 팔을 몸에 붙여 제품을 가까이 잡는다.
- 제품의 질감을 설명하기 위해 손가락으로 쓰다듬고(caress), 부드럽게 떠받치고(cradle), 몸으로 감싸는(hug) 동작이 효과적이다.[39]
- 표정은 말보다도 중요하고 효과적이다. 다양한 얼굴 표정으로 제품에 대

---

39) Reese et al., ibid., p.71.

한 느낌·감동 등을 전한다.
- 시청자는 호스트의 시선을 따라가게 된다. 호스트의 시선이 제품에서 떨어져 있으면 흥미가 없어 보이며 프롬프터만 쳐다보면 시청자도 불안하다.

사회자(MC)

MC의 영역은 넓다. 프로그램을 이끌어가는 진행자 혹은 사회자라고 할 수 있는데, 방송에서 MC는 기념 특집물, TV 토론, 종합오락물(퀴즈, 게임), 교양 매거진, 토크쇼 등 다양한 프로그램에서 역할을 한다. 즉, 방송 프로그램을 크게 분류했을 때 드라마, 코미디, 뉴스, 다큐멘터리 외 대부분의 프로그램에는 사회자가 있으며, 그 사람을 일컬어 MC라고 한다. 프로그램에 따라 MC 역할의 비중이 제각각일 수 있다. 단순히 코너와 코너를 연결하는 연결 멘트를 하기도 하고 프로그램 처음부터 끝까지 출연자들을 리드하며 진행해야 하는 역할도 있다. 단지 연결 역할이라 하더라도 프로그램 전체 분위기에 동화되어 적극적으로 이끌어가는 모습을 보여야 한다. MC의 기본자질 또한 공통적으로 방송인에게 요구되는 것들이 해당된다. 하지만 한 프로그램의 얼굴로서 프로그램을 훌륭하게 이끌어가는 데는 더 많은 필요조건이 있다.

우선 프로그램의 사회를 맡으면 주인의식을 갖고 책임을 느껴야 한다. 본인의 준비는 물론이고 프로그램의 의도와 전반에 걸쳐 진행계획, 출연인물 등을 사전에 파악해놓아야 한다. 매일 진행하는 프로그램이라 포맷이 일정하다고 방심해서도 안 된다. 남녀 더블 MC는 상호보완적이어야 하며 서로를 배려하고 그야말로 호흡이 잘 맞아야 프로그램을 원만하게 진행할 수 있다. 어느 한쪽, 특히 여자 MC가 보조적인 역할에 그치거나 서로 경쟁적으로 한마디라도 더 하려고 한다면 결국 성공적인 진행이 못 된다. 필자도 특집 프로그램의 마무리 멘트를 하면서 한마디를 덧붙이려다 남자 MC와 말이 물려 산뜻한 마무리를 하지 못한 기억이 있다. 후에 따끔한 모니터를 받은 것은 물론이고 남자 MC에 대해 늘 미안한 마음이 남아 있다. 프로그램 진행에 문제가 생기면 책임소재 규명 등 스태프들과도 관계도 매끄럽지 못할 수가 있다.

가능하면 프로그램의 리허설에 참여하는 것이 좋다. 특히 최종 카메라 리허설에는 반드시 참여해 전체적인 진행상황을 숙지하고 있어야 한다. 큐 시트와 대본에 따라 계획대로 진행되면 문제가 없겠지만 예상하지 못한 돌발 상황이 생길 수도 있고, 또 분위기에 따라 변수가 발생할 수도 있다. 기본 골격에 큰 무리가 없는 한 MC의 재량으로 융통성 있게 진행할 수 있는 능력과 여유가 필요하다. 물론 사전에 그런 일이 일어날 개연성에 대해서도 연출자와 합의해두는 것이 좋다.

직업과 수명의 상관성에 대한 한 연구 결과, 장수하지 못하는 직업 10위 안에 언론 방송인이 들어 있다고 한다. 긴장과 스트레스로 그만큼 수명을 단축한다는 것이다. 그렇기 때문에도 방송인은 어떤 돌발 상황에도 당황하지 않을 강심장이 필요하다. 그리고 그 위기를 슬기롭게 돌파해나갈 수 있는 유연함과 임기응변이 필요하다. MC는 너무 냉정해도 안 되고 너무 여린 감성을 가져서도 안 된다. 따뜻한 가슴으로 사람을 대하되 냉철한 머리로 사물을 보아야 한다. 또 프로그램의 주인이라는 자부심과 책임감이 필요하지만 프로그램에 출연한 손님보다 우월해 보이려 하고 자기과시를 하려 해서는 안 된다. 재치 있고 유머러스하며 화술이 좋지만 경력이 짧은 MC는 특유의 재치로 출연자들을 비꼬거나 무안하게 하여 웃음을 이끌어내는 경향이 있다. 이에 반해 경력이 오랜 모 MC는 "나도 젊어서는 그게 잘하는 건 줄 알았다. 하지만 방송을 오래하면서 MC는 출연자들을 존중하면서 편안하게 해주어야 한다는 걸 깨닫게 되더라"라고 말한다.

새벽방송을 하는 사람은 전날 저녁 무슨 일이 있어도 다음 날 프로그램을 위해 칼같이 제시간에 일어나야 한다. 더욱이 자기 이름을 타이틀로 내걸고 하는 경우 책임감은 더 클 수밖에 없다. 그러나 이름과 명예를 걸고 하는 프로그램의 명MC도 가끔은 방심하다 실수를 하고 만다. 전날의 숙취와 피로가 덜 풀린 B 아나운서는 프로그램이 끝나자 좋아라 하고 "더욱 알찬 소식으로 내일 다시 찾아 뵙겠-" 하고 서둘러 끝인사를 하는데 듣고 있던 여자 아나운서가 기겁을 하고 말을 가로챘다. 다 끝난 줄 알았던 순서 한 꼭지가 생생하게 남아 있었던 것이다. 특유의 너털 웃음으로 넘어가긴 했는데 잠시 가슴 뜨끔했을 수밖에. 여성 MC의 재치 덕에 방송사고를 면했으니 그 후로도 늘 기억에 남는 후배였다고 한다.

신입 아나운서 선발을 위한 오디션을 하던 중 스튜디오의 조명이 터졌다. 조명이 터지는 소리는 마치 권총 소리만큼이나 커 대부분 기겁을 하고 놀란다. 그런데 그때 오디션을 받던 여성 지원자는 눈 하나 깜빡하지 않고 침착하게 앉아 있었다. 왜 놀라지 않느냐는 시험관의 질문에 그녀는 "만일 이 상황이 생방송이라면 놀라서는 안 된다고 생각했다"라고 답변하는 것이었다. 그녀는 후일 침착성과 냉정함을 잃지 않은 채 이른바 잘나가는 아나운서로 성장했다.

그녀의 일화 한 가지 더. 수습을 떼자마자 간판 프로그램을 맡고 얼마 안 돼 사장님과 마주쳤다. 유난히 키가 크고 늘씬한 그녀를 보고 "뭘 먹고 그렇게 컸나?"라고 묻자 잠시도 주저함 없이 그녀가 하는 말, "〈뉴스○○○〉가 크게 해주셨죠." 햇병아리 아나운서치고는 너무도 당찬 애드립인 듯.

인터뷰 요청을 받았을 때

13장 인터뷰는 격식 갖춘 대화
14장 마이크를 들이댈 수 있는 사람
15장 질문보다 중요한 답변
16장 평상시 언론 대하기

13장 인터뷰는 격식 갖춘 대화

인터뷰는 흥미롭고 재미있는 작업이다. 쉽게 보이지만 많은 준비와 연습과 인터뷰 기술에 대한 충분한 인식이 필요하다. 숙달되지 않은 초보 방송인은 인터뷰를 할 때 상대가 유명인이나 권위 있는 사람일 경우 분위기에 압도되거나 주제나 출연자에 대한 정보가 부족해 진땀을 빼는 경우가 흔히 있다. 가장 바람직한 인터뷰는 잘 계획된 대담처럼 진행되어야 한다. 방송 인터뷰는 한두 마디 짧은 답변에서부터 60분 혹은 그 이상 길이의 토크쇼 인터뷰까지 다양하다.

인터뷰의 형태

여러 종류의 인터뷰가 있지만 기본적으로는 뉴스 인터뷰와 특집 인터뷰 두 가지로 나눌 수 있겠다. 뉴스 인터뷰는 특히 화제가 되는 사건이나 화제의 인물 또는 시사성 있는 특정 이슈에 대한 정보를 모으기 위한 것이다. 대체로 뉴스 인터뷰는 길이가 짧다. 특집 인터뷰는 오락적인 요소를 담으며 화제의 인물이나 사건을 깊이 있게 다루기 위한 목적으로 이루어진다. 흔히 인물에 초점을 맞추는데 어떤 사람이고,

어떤 특별한 일을 하는지, 무엇을 했기에 주목받는지 등에 대해 인터뷰를 한다. 뉴스 인터뷰나 특집 인터뷰나 스튜디오 혹은 야외현장에서 제작된다. 이미 아는 바이겠지만 인터뷰를 한 내용 중 정작 방송되는 분량은 극히 일부인 경우가 많다. 때로는 자신이 말한 전체 문맥과 달리 일부만 부적절하게 쓰여 왜곡되는 것을 우려해 인터뷰를 기피하는 사람도 있다.

인터뷰 시간은 한 질문에 답변이 1분을 넘지 않아야 한다. 일단 답변이 길면 시청자가 이해하기 어렵다. 장황한 답변은 편집할 수밖에 없는데 심하게 화면이 튀면 편집한 티가 나며 그러면 인터뷰 자체에 대한 신뢰도가 떨어질 수 있다. 생방송으로 인터뷰를 하는 경우는 편집될 염려가 없지만 시간배분에 실패하면 할 말을 다 못하고 서둘러 말을 맺거나 중간에 끊어야 하는 사태가 생긴다.

전화 인터뷰도 마찬가지다. 제한된 시간에 맞게 할 말을 하기 위해서는 경험도 필요하고 연습도 중요하다. 방송사에서 전화 인터뷰를 요청하면 미리 질문 내용을 듣고 간단한 메모로 답변을 준비한다. 보통 간단한 논평이나 짧은 인터뷰 때문에 방송출연을 요청하는 것은 불필요하고, 또 이른 아침 프로그램에 출연을 요청하기가 어려울 때 전화 인터뷰를 제의하게 된다. 보통 전날 저녁에 협의가 이루어지므로 인터뷰이(interviewee)는 여유를 갖고 답변에 필요한 자료를 수집할 수 있다. 사전에 답변의 길이를 몇 분 내로 해달라는 요구가 있거나 방송 중 진행자가 간단히 말해달라고 요구할 때 이를 무시하고 장황하게 설명하기보다 시간에 맞춰 간단명료하게 말하는 것이 듣는 사람에게 더 신뢰감을 준다.

인터뷰 질문의 유형[40]과 방법은 출연자로부터 알맹이 있는 답변을

---

[40] 이주행, 『방송화법』, 도서출판 역락, 2000, 208쪽.

끌어내기 위해 다양하게 변화를 줄 수 있어야 한다.

- 폐쇄형(close-ended) 질문: 한 번에 한 가지씩만 답변을 요구하면서 순차적으로 내용을 좁혀간다. 하지만 "예", 아니면 "아니오"식의 답변이 나오게 하는 것은 바람직하지 못한 질문 형태이다.
- 개방형(open-ended) 질문: 광범위하게 자유롭게 답변을 구한다.
- 깔때기형(funnel) 질문: 쉬운 질문으로 시작해 어려운 질문으로 좁혀간다.
- 역깔때기형(inverted funnel) 질문: 핵심으로 먼저 파고들어 간다.
- 보충(follow-up) 질문: 답변이 짧을 때 충분한 대답이 나오도록 같은 질문을 반복해 유도한다.
- 무궤도 자유형(free) 질문: 편안하고 자유롭게 대화한다.
- 탐문형(investigative) 질문: 심층 분석 프로그램에서 특정 이슈에 관해 추적한다.

인터뷰 질문의 형태를 이처럼 분류할 수는 있겠지만 인터뷰의 성격에 따라, 즉 공식적인 인터뷰인지, 토크쇼 형식의 자유로운 인터뷰인지에 따라 적용할 수 있는 유형이 달라질 수 있다. 가장 바람직한 인터뷰는 피의자를 조사하듯 캐내거나 답을 유도하는 것이 아니라 서로가 배려하고 신뢰하며 진솔하게 대화할 수 있을 때 가능하다.

기본적으로 폐쇄형 질문을 비롯해 좋지 않은 질문 유형들이 있다.

- 질문이 길면 안 된다. 보통 인터뷰어(interviewer)가 자신의 지식을 과시하기 위해 질문을 장황하게 하는 경우가 많은데 그런 자세는 옳지 않다. 인터뷰는 답변이 중요하다. 세 문장을 넘지 않게 간결해야 한다.
- 한 번에 몇 개의 질문을 동시에 하는 것은 좋지 않다. 특히 기자회견에서

질문할 기회를 얻으면 대부분 욕심이 앞서 두세 개의 질문을 한꺼번에 던지는 것을 볼 수 있다. 하지만 결국 얻는 답변은 한 가지 질문에 국한된다. 답변자가 일일이 메모하지 않는 한 대개의 경우 답을 다 듣기란 불가능하다.

- 둘 중 하나를 선택하라는 택일식의 질문은 답변자에게 부담을 준다.
- 처음부터 "좀 어려운 질문이 될지 모르겠습니다만……"이라고 하며 시작하는 질문, 게다가 "답변하기 곤란하시면 안 하셔도 좋습니다"라고까지 하면서 답을 요구하는 질문은 답변자를 당혹하게 만든다.
- 인사치레로 하는 질문, 답이 너무 뻔한 질문, 너무 흔한 상투적인 질문 등도 삼가는 것이 좋다. "우승을 하셔서 기쁘시죠?"라는 우문(愚問)은 인터뷰어의 수준을 의심케 한다.
- 프로그램의 제작의도에 따라 설정한 방향으로 답변을 요구하는 것은 옳지 못하다.

인터뷰 구성

답변 몇 마디로 편집되는 인터뷰가 아닌 토크쇼나 대담 같은 하나의 프로그램 형태로 방송되는 인터뷰는 일반적으로 다섯 단계로 구성된다. 소개와 인사, 질문, 마무리 소개, 끝 인사이다. 인터뷰는 보통 프로그램의 타이틀, 호스트(인터뷰어) 이름, 게스트(인터뷰이) 이름, 그리고 그날의 주제를 소개하면서 시작된다. 인터뷰의 초점이 주제일 경우에는 먼저 소개될 수도 있지만 일반적으로는 게스트의 이름이 먼저 소개된다. 더불어 왜 그 게스트가 초대되었는지를 설명한다. 한두 마디의 인터뷰가 방송되는 경우는 앵커나 리포터가 도입부(lead-in) 멘트로 소개를 하거나 요즘은 자막으로 인터뷰이의 이름과 소속, 직함이 나가 쉽게 알아볼 수 있다. 때로 달랑 이름 석 자만 자막처리되는 경우가 있는데 공신력도 떨어지고 무성의해 보이기도 한다. 인터뷰는 도입부가 중요하며 또한 어려운 부분이다. 도입부를 매끄럽게 시작하기 위해서는 도입부 멘트와 첫 질문까지는 글로 써보고 수차례 연습을 해보는 것이 도움이 된다.

다음 단계로 사회자는 편안한 분위기로 출연자와 친숙한 관계를 만든다. 여기서 출연자에 대한 호칭은 시청자나 방청객의 입장에서 정치인이나 사회 저명인사, 학자 등은 공식적인 호칭으로, 또 인기 연예인이나 스포츠 선수들은 팬의 입장에서 좀더 친근하게 부를 수 있을 것이다. 한 가지 주의할 것은 호칭 뒤에 '-님'을 함부로 붙이는 것은 바람직하지 않다. 즉, '장관께서는', '박사께서는'이 적절하며 공식적인 인터뷰에서까지 '장관님', '박사님'이라고 호칭할 필요가 없다.

인터뷰의 세 번째 단계는 인터뷰 그 자체이다. 보통 출연자가 처음에 몇 마디를 주고받으면서 사회자에 대한 신뢰가 생겨 긴장이 풀리고 난 다음 비로소 제대로 된 인터뷰가 이루어질 수 있다. 이때부터 인터뷰를 하는 사람은 자신의 지식과 기술을 활용해 인터뷰를 성공적으로 이끌 수 있는 것이다.

어떤 경우에서건 편안하고 재미있는 대화를 나누기 위해서는 상대에 대한 신뢰가 중요하다. 인터뷰에서도 신뢰는 질문자와 답변자의 관계를 통해 만들어진다. 과거에 만난 적도 없고 다시 또 만나게 될지도 알 수 없지만 깍듯하고 성의 있게 예우함으로써 서로의 신뢰를 쌓게 된다. 질문자는 첫 대면에서 목소리의 톤이나 얼굴 표정, 몸동작을 통해 출연자에게 신뢰감을 줄 수 있을 것이다. 신뢰는 출연자가 인터뷰를 주도하거나 질문을 마음대로 선택할 수 있게 해준다고 해서 생기는 것이 아니다. 노련한 질문자는 신뢰가 쌓일 수 있도록 성의껏 경청하는 기술을 활용한다. 무엇에 대해 말을 하는 건지도 모르고 관심도 없어 보이는 사람에게 믿음을 줄 사람은 없다. 대다수의 정치인들이나 유명인사들은 이골이 날 정도로 숱한 인터뷰를 해왔기 때문에 그들과 신뢰를 쌓는 일은 쉽지 않다. 그러나 인터뷰에서 신뢰란 반드시 필요한 것이며 한번 잃게 되면 회복하기 어려운 것이다. 한번 골탕을 먹었거나 불편한 느낌을 받은 경험을 갖고 다음 인터뷰 요청에 선뜻 응할 사람은 없다. 그래서 연예인 가운데는 인터뷰하려는 리포터가 누구인지에 따라 수락 여부를 결정하는 사람도 있다고 한다. 이러한 상호간 신뢰는 평상시의 관계 속에서도 쌓아지는 것이다.

효과적인 인터뷰를 위한 네 번째 단계는 게스트의 공신력을 다시 한번 소개하는 것이다. 인터뷰가 5분 이내의 짧은 길이가 아니라면 인터뷰 중간쯤 게스트와 주제에 대해 다시 한번 소개한다. 물론 TV 화면을 통해 자막으로 수시로 소개되겠지만 호스트의 직접적인 소개도 반드시 필요하다.

인터뷰의 마무리는 게스트의 이름과 주제를 다시 한번 언급하면서 게스트에게 감사 인사를 하는 것으로 충분하다. 특별히 주제가 복잡하거나 중요한 것이었다면 게스트가 말한 내용을 간략하게 정리하는 것도 좋은 방법이다. 또는 게스트로 하여금 다 하지 못한 말을 보충할 수 있는 기회를 주는 것도 좋다. 그러면 게스트는 호스트의 배려를 고맙게 생각하고 후일에도 그 관계를 유지할 수 있을 것이다. 인터뷰 도입부처럼 마무리 멘트도 글로 써서 연습을 해두면 매끄럽게 인터뷰를 마칠 수 있다.

사회 고위층이나 저명인사들의 인터뷰는 보통 집무실이나 응접실 등 점잖고 공식적인 중후함이 느껴지는 분위기에서 하는 경우가 많다.

그러나 실내를 벗어나 정원을 걷는다든가 야외에서 앉거나 서서 인터뷰를 하는 것도 좋다. 분위기가 훨씬 자연스럽고 부드러워져 인터뷰가 술술 잘 풀릴 수 있다. 인터뷰어의 입장에서는 때때로 기대하지 않은 답변을 얻어낼 수도 있다.

스튜디오가 아닌 야외에서의 인터뷰는 보통 ENG 카메라 한 대로 제작되기 때문에 인터뷰를 마치고 난 다음 사회자의 리액션 컷(reaction cut, cutaway shot)이 필요하다. 즉 인터뷰를 하는 동안 질문자가 들으면서 고개를 끄덕인다든지 미소 짓거나 필기를 하는 등의 반응을 보이는 동작이 필요한 것이다. 이때 동작은 실제 인터뷰처럼 자연스러워야 한다. 인터뷰어의 질문을 따로 녹화하기도 하는데, 그럴 때 주의할 것은 "어", "그" 등의 무의미한 말을 자주 쓰지 말아야 나중에 편집이 용이해진다. 게스트의 말 끝에 매번 "네, 네" 하며 반응을 넣는 것도 편집에 방해가 되는 요인이다.

14장 마이크를 들이댈 수 있는 사람

방송에서의 인터뷰는 매체특성상 짧은 시간 내에 사람을 설득하여 진실을 말하게 하거나 특정사안과 관련한 많은 정보를 알고자 하는 것이 목적이다. 일반 교양 프로그램의 리포터들 혹은 뉴스와 보도 프로그램의 기자들이 주로 맡는 역할로서 기술과 전문가가 필요하다.

간단한 인터뷰에서부터 긴 대담까지 막히지 않고 훌륭하게 소화하기 위해서는 역시 평소의 준비와 훈련이 필요하다. 사교적이고 호기심이 많은 성격이 적합하다. 남의 이야기를 잘 들어주는 습관이 필요하며, 정치·경제·사회 전반에 관심을 가져야 한다. 인터뷰는 생활 속에서 항상 가족들이나 친구, 동료들과 사적인 자리 혹은 공적인 자리에서 나누는 대화를 통해 연습이 가능하다.

인터뷰 태도

성공적인 인터뷰는 취재기자 또는 질문자가 인터뷰 상대자를 어떤 태도로 대하는가에 따라 결정될 수 있다. 앞서 말했듯이 무엇보다 질문자는 상대방에게 예의를 갖추고 편안하게 대해 답변자가 상대방에 대한 신뢰를 갖고 기분 좋게 이야기할 수 있어야 한다. 취재원이 정치권이나 재계의 거물급 인사라 하더라도 주눅이 들거나 위축될 필요가 없다. 방송은 시청자를 위한 것이며 시청자를 대신해 질문을 한다는 자긍심을 가져도 된다.

인터뷰를 하는 동안 답변 내용에 귀를 기울이며 답변 속에서 또 다른 질문을 이끌어내도록 하고, 부족한 답변이나 이해가 덜 된 답변은 시청자의 이해를 돕기 위한 차원에서 다시 한번 상세한 답변을 요구한다. 다음 질문을 준비하느라 답변을 흘려들어서도 안 되며, 인터뷰의 맥이 끊기는 어색한 분위기가 생기지 않도록 해야 한다.

답변자가 답변이 막혀 생각하느라 공백이 생기면 생각할 수 있도록 잠시 기다려주거나 적당히 말을 거들어주는 것이 좋다. 답변이 얼른 나오지 않는다고 해서 또 질문을 하려 끼어들어선 안 된다. 일반적으로 방송에서 침묵이 어색할 수 있긴 하지만 인터뷰의 경우는 다르다. 너무 빨리 자주 끼어들면 인터뷰이의 생각을 방해해 좋은 대답을 얻기 힘들다. 사람들이 긴장을 하면 분위기에 익숙해지기까지 시간이 걸리고 잠깐이라도 생각을 정리할 시간이 필요하다는 것을 기억해야 한다.

딱딱한 공식적 인터뷰 자리에서 진지하고 비판적인 질문을 하더라도 유머를 섞어 분위기를 부드럽게 하는 기술도 필요하다. 유머는 인터뷰를 재미있게 진행하는 데 필요한 능력이다. 그러나 유머를 잘 사용하기란 쉬운 일이 아니다. 일종의 기술이지만 관객의 분위기와 상황에 맞게 활용할 일이다. 비아냥거리는 풍자적인 유머는 주의하는 게 좋다. 자신의 실수에 대해 스스로 비웃는 유머는 어떤 상황에서건 가능하다.

인터뷰 경험이 많다고 준비를 소홀히 하고 변화를 주지 못한 채 늘 하던 대로만 한다면 매너리즘에 빠져 스스로를 퇴보시킬 것이다.

인터뷰 기술

비록 다 활용하진 못하더라도 사전에 질문 리스트를 만드는 것이 좋다. 실제 인터뷰를 하면서 상황에 따라 질문의 순서가 바뀔 수도 있고 생각했던 질문을 하지 못하는 경우도 많다. 인터뷰를 하는 동안 출연자가 하는 말의 내용에서 질문을 찾도록 한다. 뛰어난 질문자는 인터뷰를 일종의 대화로 생각하지, 질문을 나열하듯 인터뷰하지 않는다. 따라서 훌륭한 인터뷰는 질문하는 사람과 답변하는 사람 사이에 이야기가 오가면서 즉흥적으로 이루어지는 것이다. 질문을 사전에 계획하는 것은 응답자에 대해 아는 바가 없고 주제가 생경한 분야일 경우 만일을 대비하는 뜻이다. 답변을 들으며 메모를 함으로써 다음 질문을 구상할 수 있다.

인터뷰에 들어가기 전 먼저 인터뷰이의 의견을 충분히 들어본다. 시간이 없다고 재촉하면 정말 들어야 할 말을 빠뜨릴 염려가 있으므로 들으면서 필요한 핵심 내용을 축약해서 말해줄 것을 요구한다.

심도 있게 파고드는 인터뷰는 응답자로부터 더 깊이 있고 자세한 내용을 듣기 위한 것이다. 이런 태도는 때로는 갈등과 논쟁을 일으키기도 한다. 응답자가 답변을 회피하는 경우에는 표현을 바꿔 다시 한 번 질문을 한다. 보통 정치인들은 의도적으로 답변을 회피하고, 공보관들은 형식적인 대응만 한다. 그렇다고 질문을 즉각 포기해선 안 된다. 다른 방법으로 질문을 몇 차례 더 시도해보는 것이 옳다. 이런 파고드는 인터뷰는 활기를 불어넣을 수 있다. 그러나 너무 지나치면 취재원을 불쾌하게 만들고 나머지 인터뷰에 차질을 빚을 우려가 있으므로 적당한 선을 지키는 것이 좋다.

한 가지 주제에서 다른 주제로 자연스럽게 넘어가기란 쉽지 않다.

그러기 위해선 주제에 대해 충분한 지식을 갖고 있어야 한다. 사전에 자료를 충분히 공부해서 전문가 이상으로 사전지식을 갖춰야 한다. 그럼으로써 뉴스의 인물이나 전문가를 만났을 때 인터뷰를 자신 있게 주도할 수 있다. 또한 인터뷰이의 말을 경청해야 언급되었던 내용을 정리하면서 다음 주제와 관련 지을 수도 있을 것이다. 그러면서 방청객이나 시청자들이 따라올 수 있도록 관심을 유도하는 기술이 필요하다.

경력이 짧은 방송 진행자가 겪는 어려움은 인터뷰의 흐름을 적절히 통제하는 일이다. 그것은 출연자의 말을 중간에 툭툭 자르거나 막으라는 것이 아니다. 너무 말이 많은 사람은 말을 줄이게 하고, 말수가 적은 사람은 말을 하도록 유도해야 하는 것이다. 말이 많은 사람의 이야기 도중에 끼어들기는 하나의 기술이다. 말수가 적은 사람인 경우엔 중간 요약을 해주고 더 많은 대답을 이끌어내는 기술이 필요하다. 스튜디오에 출연한 게스트가 방청객의 호응과 무관하게 혼자 흥이 나 떠들 경우 잘 듣고 있다가 숨을 고르는 사이에 끼어들어야 한다. 그래야 기분 상하게 하지 않고 무례하지 않게 자연스레 말을 끊을 수 있다. 때로는 몸짓으로 게스트의 주의를 환기시킬 수 있다. 팔을 만지거나 의자에 등을 기대는 동작으로 할 말이 있음을 암시하는 것이다. 게스트의 이야기가 주제에서 벗어난다 싶으면 질문을 확실하게 다시 함으로써 본래 궤도로 되돌려놓아야 한다. 좀더 적극적인 방법으로는 공손하게 직접적으로 지적을 하고, 한층 정도가 심각할 경우는 단답형의 질문을 던져 주제에 집중시킨다.

정치인과의 인터뷰

정·재계 인사를 비롯한 뉴스메이커에서부터 교수, 과학자 등 전문직 종사자, 주부, 학생, 근로자, 어린이에 이르는 다양한 시민들 모두가 인터뷰 주제에 따라 인터뷰 대상이 된다. 각양각색의 취재원 가운데 정치인은 기자의 인터뷰 단골 대상이다. 지방 선거나 국회의원 선거 때면 많은 출마자들이 방송 인터뷰를 하게 된다. 선거시기가 아니더라도 정치인들이 방송에 출연해 그때그때의 이슈와 관련해 의견과 주장을 피력하는 경우가 많다. 그럴 때 방송은 객관적이고 공정한 입장에서 각 정치인들의 인터뷰를 통해 시청자들에게 균형 있고 형평성 있는 정보를 제공해주어야 한다. 그것이 언론인의 의무이며 책임이다.

이제는 정치인들도 방송에 많이 익숙해지면서 인터뷰 과정이나 방송매체에 대해 많이 단련되어 있어 인터뷰어로서 작업이 쉽지 않을 때가 있다. 그래서 시청자들에게 풍부한 정보를 제공하기 위해 여느 인터뷰보다 더 공격적일 경우가 있다. 그러려면 충실한 인터뷰를 위해 그 정치인의 경력에 대한 지식과 정보가 필요하다. 활동상황이나 기록과 기사 등을 사전에, 혹은 평소에 늘 관심 있게 보아야 한다.

1988년 미국의 대선 기간 중에 있었던 조지 부시 후보와 CBS 앵커와의 인터뷰는 오랫동안 회자되는 일화로 남아 있다. 1월 26일 당시 부시 부통령과 지금도 피터 제닝스(Peter Jennings), 톰 브로커(Tom Broker)와 함께 최고의 앵커로 손꼽히는 CBS의 댄 래더(Dan Radder)와의 9분간의 생방송 인터뷰는 대통령 선거 캠페인과 언론보도에 대해 많은 것을 시사했다. 부시는 인터뷰 직전 이란 콘트라 사건에 자신이 큰 역할을 했음을 암시하는 방송이 나간 것에 대해 화가 나 있었고 인터뷰를 취소하려고 했다. 취소하는 대신 그는 인터뷰에서 공격적으로 임했다.

래더가 부시의 성격에 대해 비난하자 부시는 CBS와 래더가 인터뷰를 따내기 위해 잘못된 방법으로 부시 측에 접근했다고 공격했다. 또 정치적인 문제만 다룰 것을 약속해놓고, 부시의 출마에 대한 반론은 불러일으키고 이란 콘트라 사건의 발단인 무기 문제를 함부로 거론했다고 말했다. 그리고 뉴스 녹화 도중 돌발적으로 중단하고 스튜디오를 나가버려 비난을 산 적이 있는 래더의 전력을 지적하며 래더를 당황하게 했다. 9분 동안의 고함과 언쟁, 방송 수위를 넘는 비난은 엄청난 볼거리였다고 한다. 사실 TV 인터뷰에서 드러난 양측의 갈등은 인터뷰에 관련한 기본사항에 대한 협의 과정에서부터 불거졌다. 부시 측은 인터뷰를 생중계하라는 것이었고, CBS 측은 생중계는 곤란하다는 입장이었다. 답변자가 말을 너무 길게 해 진행을 방해한다든지, 질문을 교묘히 빠져나가거나, 모호한 답을 할 경우 등 예측불허의 인터뷰 상황을 조정하기 쉽지 않기 때문이다. 결국 인터뷰를 생중계하는 데 동의하고 부시 측에는 질문이 날카롭고 공격적일 것임을 예고했다. 댄 래더는 인터뷰 당일 제작진과 세 시간에 걸친 리허설을 하면서 치밀한 사전준비를 했다. 부시 역시 철저한 준비를 했다. 결과적으로 이 인터뷰에서의 한판 승부로 부시의 캠페인은 상승세를 탔고 대통령으로 당선되었다. 인터뷰가 공격적이어선 안 된다는 기본이 지켜지지 않고 개인적 감정이 개입된 경우이지만 똑같이 '말발'이 센 정치인과 언론인의 흥미로운 대결이었음에는 틀림없다. 우리나라 방송에서는 아직까지 정치인과 앵커 사이에 이렇게 과격한 논쟁을 볼 수 없지만, 정치인들의 언론에 대한 피해의식이나 힘겨루기를 하고자 하는 언론의 대립양상은 요즘도 팽팽한 긴장감 속에 계속되고 있는 것 같다.

스포츠 선수와의 인터뷰

정치인과의 인터뷰가 질문자에게 다소 부담스러울 수 있는 반면에, 스포츠 선수들과의 인터뷰는 상당히 흥미로울 수 있고 오히려 실망스러울 수도 있다. 스포츠 선수들은 대체로 대중 앞에서 말하는 것에 능숙하지 못하다. 보통 스포츠 현장에서 인터뷰를 하는 경우가 많은데 현장의 소음과 소란스러운 분위기로 듣는 데 어려움이 있다. 그렇기 때문에 질문 없이 답변만 하는 장면으로 편집되는 경우가 많다. 질문자는 스포츠 종목에 관해 전문가 뺨치는 마니아들이 많다는 것을 염두에 두어야 한다. 어설픈 지식이나 경기분석을 전달하려는 것은 하지 않느니만 못할 것이다. 스포츠 선수나 예술가 등 유명인들은 상투적인 질문보다 진실하고 인간적인 존경과 예우를 표현해주는 질문자에게 고마워한다.

> 스포츠 관중석에서 방송이나 인터뷰를 하기는 쉽지 않다. 사람들이 몰려들어 주변이 너무 소란스럽기 때문이다. 과거에 권투중계를 하던 모 아나운서는 진지하게 방송을 하다 카메라가 자신을 잡지 않는 것 같자, 가벼운 욕설과 함께 제일 가까이 머리를 들이밀고 있는 한 학생의 머리를 주먹으로 사정없이 쥐어박는 모습이 그대로 카메라에 잡혀 점잖은 체면을 구겼다.

15장 질문보다 중요한 답변

위기 상황에는 물론 그렇고 평상시에도 즉석 인터뷰에는 응하지 않는 게 좋다. 단 몇 분간이라도 생각을 정리할 시간이 필요하다. 앞에서 이미 지적했듯이 인터뷰 녹화에 들어가기에 앞서 생각과 답변을 정리할 시간을 요구하여 간단한 메모를 준비하는 것이 좋다. 거리에서 만난 시민으로서의 즉흥 인터뷰라도 마찬가지다. 생방송이라도 곧바로 카메라를 들이대는 경우는 드물다. 인터뷰에 응하기로 했으면 옆에서 기다리는 시간을 활용한다.

화제의 인물이 되어 혹은 조직을 대표해서 TV 언론의 인터뷰 요청을 받을 때, 아니면 전문가로서 객관적 의견을 묻는 짤막한 인터뷰를 할 때라도 고려해야 할 부분이 많다. 인터뷰나 출연제의의 수락 여부를 결정하기에 앞서 몇 가지 사항들을 확인해야 한다. 우선 인터뷰 주제가 본인과 맞는가를 생각해야 한다. 자신의 전문 분야도 아닌 주제에 대해 어설프게 자신 없이 언급한다면 오히려 그동안의 명예와 경력에 누가 될 수 있는 중요한 문제이다. 인터뷰 촬영 장소와 시간, 방법, 소요시간, 방송될 프로그램과 편성시간, 또 다른 인터뷰 대상이 있는지, 있다면 누구인지도 파악해야 한다. 이러한 사항들에 대해 충분한 협의와 사전숙지가 되어 있어야 보도가 나간 후의 예상치 못한 불미스런 일을 줄일 수 있다.

　인터뷰를 시작하기 전 인터뷰어의 주변 인물들, 특히 직장 상사와의 지연, 학연, 혈연 등 친분관계를 거론하는 것은 좋지 않다. 권위적인 취재원들은 "아무개 국장 잘 있나?"라는 식으로 은근히 자기 서열을 매기고 기선을 제압하려 든다. 하지만 그럴수록 반감만 갖게 할 뿐이다.

　반면 자신이 유능하다는 것을 과시하려는 기자를 만나는 경우도 있다. 요즘은 전문 기자가 있어 특정 분야에서 전문성을 발휘하고 있긴 하지만 인터뷰를 하면서 자기가 더 돋보이려고 한다면 그것은 인터뷰어로서 태도를 벗어나는 것이다. 인터뷰이의 전문성을 얕잡아 보고 인터뷰 도중 말의 맥을 계속 끊으며 이야기를 제대로 들어주지 않는 경우, 기분 나빠 흥분하지 말고 오히려 정중하고 차분한 태도로 예의를 지켜줄 것을 요구하는 것이 좋다.

　간혹 자기보다 젊은 기자나 리포터와 인터뷰를 하면서 반말을 하는 사람들이 있는데, 이것은 곧 시청자에게 하는 말이므로 삼가야 한다. 말의 속도를 천천히 하면서 적절한 어휘를 골라 사용하고 더듬거리거나 무의미한 소리를 내지 않는다. 말이 너무 막히면 준비가 안 되었거나 전문성에 대한 공신력이 떨어질 수 있다. 말은 되도록 짧은 문장으로 한다. 말이 장황하면서 언변이 부족한 사람일수록 계속 연결어미 '-하고', '-하며' 등을 써 말을 늘인다. 말꼬리를 흐리지 말고 끝까지 분명한 발음으로 맺는다. 습관적으로 말꼬리를 흐리는 사람은 주눅이 들고 영 자신 없어 보인다.

언론기자와 취재원

언론기자(interviewer)와 취재원(interviewee) 간의 인터뷰에는 특유의 커뮤니케이션 형태를 볼 수 있다.[41]

① 인터뷰는 기자가 인터뷰의 주제와 방향을 주도한다.
② 기자는 대중을 대신해서 질문을 하고 취재원은 대중의 질문에 답변하는 것이다.
③ 인터뷰는 쌍방향이 아닌 일방적인 질의응답 형식이다. 사적인 의견교환이 아니며, 취재원의 의견과 경험, 지식이 중요하다.
④ 확실하게 비공개(off-the-record) 보장을 약속하지 않은 한 기자와 대화 중에 한 말은 기사화될 수 있다.
⑤ 기자와 취재원은 적도 동지도 아니다.
⑥ 기자는 취재원으로부터 좀더 특별한 내용과 정보를 듣고자 유인하려 한다. 이럴 때 취재원은 기자의 의도대로 넘어가 고백이나 비밀스런 내용, 흥분하거나 과격한 발언을 하지 않도록 주의해야 한다.

흔히 기자와 취재원, 특히 정치인의 관계를 '불가근불가원(不可近不可遠)'이라고 표현한다. 즉, 서로 원치 않으면서도 서로 의존할 수밖에 없다. 정치인은 언론이 대중에 가까이 갈 수 있는 수단이며 자주 언론에 등장하는 것이 중요한 활동이라고 여기고, 기자는 정치인의 한마디 논평(comment)과 정보를 필요로 한다.

방송기자들로서는 정치인들이 달변인 것을 좋아하지 않는다. 청산유수로 장황한 설명이나 적당한 침묵 없이 계속 말을 이어가면 편집

---

[41] 비올라 팔켄베르크, 『인터뷰이를 위한 인터뷰의 이론과 실제』(이현표 역), 커뮤니케이션북스, 2001, 58쪽.

에 어려움을 겪는다. 핵심이 있고 간단하면서 비유적인 어법을 선호한다. 답변은 간결하고 명료해야 하며 필요 이상으로 길지 않아야 강한 메시지와 이미지를 전달할 수 있다. 정치구단이라고 일컬어지는 정치인들 중에는 선문답 같은 표현을 즐겨 쓰는 사람이 있다. 실제 별 뜻이 아닌 경우가 많은데도 기자들은 특별한 의미를 부여하고 그 뜻을 해석하느라 애를 쓴다. 필자가 정당에서 언론인을 상대하던 시절 당 총재가 별 뜻 없이 자기 흥에 겨워 김소월의 시 한 소절을 읊었던 것을 두고 기자들이 그 의미가 무엇인가를 묻는 통에 곤혹스러웠던 적이 있다. 언론사 데스크의 성화에 정치인의 일거수일투족 말 한마디를 놓칠까 봐 촉각을 곤두세우는 기자들의 모습이 안쓰럽기도 하고 언론인들과 정치인들의 말의 유희에 정치가 따라간다는 생각이 들었다.

인터뷰이의 유형

기자들이 상대하기 부담스러워하는 사람은 언론에 달통한 전문가들이다. 그러나 대다수 취재원들은 순진하다. 즉, 언론과의 접촉 경험이 없는 사람들은 인터뷰를 하는 동안 기자가 친절하고 배려하는 분위기이면 공개적으로 하지 말아야 할 말들을 털어놓기가 쉽다. 그리고 기자가 취재원의 입장을 고려해 인터뷰 내용을 좋은 방향으로 여과할 것이라고 믿는다. 혹은 기자가 우호적인 보도로 문제가 개선될 것을 기대했다가 짤막한 보도에 그쳐 실망을 하기도 한다.

이에 반해 인터뷰에 능숙한 취재원들은 기자의 질문을 어렵지 않게 예상하고 그에 대한 답변을 충분히 연습한다. 답변하지 않아도 될 질문들을 가름해 그 근거까지 제시한다. 같은 내용에 대한 답변도 앵무

새처럼 되뇌지 않고 표현에 변화를 주고 다양한 예를 들어 지루하지 않고 생동감 있게 한다. 방송 인터뷰를 하는 테크닉에 있어서도 마찬가지이다. 사실 인터뷰를 녹화하기 전 긴장을 풀고 워밍업을 하는 뜻에서 리허설을 하듯 주제에 대한 대화가 오가게 되는데, 녹화에 들어가 방금 전에 했던 얘기를 처음 하는 양 생동감 있게 다시 말하기란 쉽지 않다. 취재원도 연기를 하고 자기연출을 하는 셈이다. 이런 점에서 방송 경험이 많은 사람이 유리하다. 실제로 텔레비전을 보면 어느 분야든 특별히 방송을 잘 타는 인물이 있다. 자주 비치는 얼굴은 이내 시청자들에게 익숙해져 유명인사가 된다. 물론 한 분야의 권위자로서 인정을 받는 사람을 취재원으로 물색하지만 그렇게 한번 방송과 맺은 인연은 상당히 오래 지속돼 계속해서 섭외대상이 된다.

이 외에도 각양각색의 취재원들은 몇 가지 유형으로 분류된다.[42] 인터뷰 요청에 대해 매번 많은 스트레스를 받고 걱정이 앞서는 소심한 스타일의 유형이 있다. 그러나 걱정을 많이 하는 만큼 준비를 철저히 함으로써 자신의 역할을 충실히 수행할 수 있는 사람이다. 이에 반해 인터뷰를 식은 죽 먹기로 쉽게 생각하는 자신만만해하는 유형이 있다. 평소에도 자신 있게 자기주장을 펼치는 타입이지만 자칫 자신의 실수에 실망하고 상처받기도 한다. 한편 자기의견이나 입장을 소신 있게 밝히기보다 인터뷰어의 반응을 살피며 두루뭉수리로 모호한 입장을 취해 안전하게 가려는 유형도 있다. 또 다른 유형은 장황하게 설명을 늘어놓으면서 자신의 전문성과 지식을 과시하고 인정받고 싶어한다. 하지만 정작 활용할 만한 인터뷰 내용은 부실한 경우가 많다. 인터뷰는 편안한 분위기에서 상호간의 신뢰 속에 이루어져야 하는데 자신의 말 한마디가 행여 꼬투리를 잡히지는 않을지 우려하여 말을 아끼

---

42) 비올라 팔켄베르크, 앞의 책, 2001, 153쪽.

고 신중을 기하는 취재원도 있다. 이렇게 되면 인터뷰 자체가 힘이 드는 작업이 된다.

취재원은 기자가 하는 질문에 대해 자신의 입장과 의견을 분명하게 답변을 하면 된다. 기자가 바라는 답변을 하거나 자신의 입장을 기자와 상의할 필요가 없다. 인터뷰에 응하는 취재원으로서 객관적이고 간단명료하게 답변하는 것이 무난하다. 답변을 할 수 없는 질문이거나 하고 싶지 않을 때는 당당하게 의사를 밝히는 것이 좋다. 기자의 지나치게 우호적이고 친근한 태도는 경계하는 것이 좋다. 민감한 문제를 파고들려는 의도가 있을 수 있기 때문이다. 그리고 초지일관하는 태도를 보여야 나중에 후회하는 일이 없을 것이다.

인터뷰를 성공적으로 하기 위한 첫 번째 비결은 면접이든 신문·방송 인터뷰든 다른 사람이 아닌 자신이 인터뷰의 내용과 흐름을 주도하는 것이다. 그러기 위해선 우선 주제에 관해 꿰고 있어야 한다. 그래야 주도권을 쥘 수 있다. 기자보다 많이 알고 있다는 사실을 스스로 인식하고 자신감으로 인터뷰에 임해야 한다. 뉴스 인터뷰의 경우 모든 질문에 대해, 그리고 상세하게 대답할 필요는 없다. 답변하기 싫은 경우 거부하거나 회피하는 방법은 다양하다. 유명인사들이나 기업 간부, 고위공직자들이 질문에 대한 답변을 회피하는 일반적 표현들이 있다.

"아직 자세한 내용을 듣지 못해 잘 모르겠다."
"지금 답변하기는 시기상조다."
"기사를 보지 못해 대답할 수 없다."
"법정에서 다룰 문제이므로 대답하기 어렵다."
"수사가 진행 중이다. 수사결과가 나와 봐야 알겠다."
"그런 가설이나 가정에 답변할 수 없다."

스튜디오가 아닌 장소에서 인터뷰할 경우도 마찬가지이다. 인터뷰 촬영에 들어가면서 취재팀이 가장 신경 쓰는 것은 출연자가 카메라를 의식하지 않고 말을 할 수 있는 분위기를 만드는 것이다. 사전에 취재팀과의 신뢰감을 쌓을 수 있는 시간이 필요하지만 비교적 긴 시간 서로를 파악할 수 있는 휴먼 다큐멘터리의 경우를 제외하고는 현장에서 출연자와 첫인사를 하는 경우가 많다. 그럴 경우라도 불안감과 어색함이 없도록 배려하는 것이 중요하며 인터뷰 도중 출연자가 카메라를 의식하지 않도록 해야 한다. 가뜩이나 긴장한 데다 카메라맨의 작은 동작 하나에도 신경이 쓰여 인터뷰에 집중하지 못하는 일이 생길 수 있다.

간혹 고발대상의 프로그램 등에서 출연자가 카메라가 돌고 있는 동안에는 격식을 차리고 의식적인 답변으로만 일관하다가 인터뷰가 끝나고 기재를 정리하는 시간에 속말을 털어놓는 경우가 있다. 결국 듣고 싶은 내용은 인터뷰한 몇 시간이 아니라 별생각 없이 내뱉는 몇 마디에 응축되어 있을 수 있다. 경력이 오랜 카메라맨은 인터뷰가 끝나고 서로 악수를 하며 기자재를 정리하는 순간까지도 카메라의 전원 스위치를 끄지 않고 카메라 렌즈를 출연자에게 계속 맞추어놓기도 한다. 상대방이 눈치 채지 못하는 상황에서 그 모든 것을 카메라에 담고자 하는 것이다.

인터뷰한 내용이 대개의 경우 몇몇 부분만 편집되어 이용된다는 것은 이제는 누구나 다 아는 상식적인 얘기이다. 한 시간이 넘게 인터뷰를 했어도 방송되는 분량은 불과 7~8분인 것을 보고 인터뷰를 한 사람은 뭔가 속은 기분도 들고 어처구니가 없어 한다. 뉴스에서 볼 수 있는 간단한 인터뷰에서는 별문제가 없지만 다큐멘터리에서의 인터뷰는 인터뷰에 할당하는 시간이 상대적으로 길다. 30분짜리 테이프 한 개는 보통이고 몇 개 이상의 테이프가 소요되는 인터뷰도 흔하다.

16장 평상시 언론 대하기

　정부 각 부처나 기업들, 주요 기관과 단체 등에는 반드시 언론을 상대하는 업무가 별도로 있다. 그 역할을 맡는 사람이 공보담당 혹은 대변인이 된다. 언론과 가장 가까우면서 또 가장 많은 비판과 원성을 사기도 한다. 따라서 결코 쉽지 않은 역할이다. 대개 언론 경험이 많은 기자들이나 대변인 활동 경력이 있는 전문가를 언론담당으로 채용하는 것이 유리하다. 물론 언론인 출신의 대변인인 경우 언론의 생리를 안다는 측면에서 장점이 있을 수 있으나, 그렇다고 해서 반드시 언론을 잘 다룰 수 있는 것은 아니다. 너무 잘 알기 때문에 오히려 출입하는 기자들이 불편해할 수도 있다. 연륜이 많다거나 개성이 강하고 이색적인 인물보다 조직의 이미지에 걸맞고 언론인을 잘 상대할 수 있는 사람이 미디어 트레이닝(media training)을 받는다면 더 적합하고 효율적일 수 있을 것이다. 외국에서는 주요 기업인들이 미디어 트레이닝을 받는 것이 필수라고 할 만큼 중요하다고 한다. 언론담당자뿐 아니라 기업의 간부급으로서 업무와 관련해 수시로 언론과 접촉을 하게 되는 입장에서 언론의 메커니즘과 특성을 파악하고 언론에 정확한 메시지를 전달하는 방법을 터득하고 있어야 하는 것이다. 우리나라도 기업의 임원이나 정부기관의 고위직 인사들은 언론을 상대하는 기회가 적지 않으므로 미디어 트레이닝은 반드시 필요하다고 할 수 있다. 가장 많이 언론에 노출되는 정치인들도 원칙과 정도를 지키는 올바른 언론 대응방법이 필요하다. 그래야 기존의 언론과 정치인의 부적절한 관계가 바르게 정립될 수 있을 것이다. 특히 '위기관리'가 화두가 되는 시대에 언론대응을 제대로 하지 못하면 그만큼 손해를 볼 수 있다. TV 카메라와 마이크 앞에서 당황하는 모습은 이미 시청자에게 믿음을 주지 못하며 설득력을 잃는다.

언론에 대한 태도

언론을 상대해야 하는 입장에서 가장 원칙적인 태도는 모든 기자를 평등하게 대하는 것이 좋다. 언론매체에 등급을 매겨 중앙지, 지방지, 메이저 신문, 마이너 신문 해가며 직접 혹은 간접적으로 차별하는 경우가 적지 않다. 그러지 않더라도 기자들 개개인은 우월감을 갖고 있기도 하고 상대적인 열등감을 갖고 있기도 하다. 필자의 경험에 비추어보면 출입처가 같은 기자들간에도 중심부와 주변부가 나뉘는 것을 알 수 있다. 앞에 나서 목소리를 높이는 사람이 있는가 하면 들고 나는지도 모르게 눈에 안 띄는 사람들도 있다. 같은 출입처에서 평균 1년에서 2년 가까이 마주치지만 의례적인 인사도 제대로 나누지 않는 경우도 적지 않다. 필자가 정당의 대변인실에서 기자들과 접촉하면서 느낀 것은 역시 기자들과는 '불가근불가원'의 관계라는 점이다. 같은 회사 동료들보다도 더 많은 시간을 같은 공간에서 함께 보내는 만큼 더 가까운 듯 느껴지다가도, 어느 순간 공격적으로 비판하는 기자 본연의 모습으로 돌아가는 것을 보며 어디까지나 기자와 취재원의 관계임을 새삼 느끼곤 했다. 각 언론사별로 지정된 폐쇄적인 칸막이(booth) 안에서 기사경쟁을 하는 기자들은 늘 방심할 수 없는 대상이다. 기삿거리에 굶주리고 민감할 수밖에 없는 기자들에게 정보제공에 차등을 둔다는 것은 어리석게도 화를 자초하는 일이다. 어떤 대변인은 메이저급 신문들에만 다음 날 급히 예정된 특별 일정을 취재할 수 있게 귀띔해주었다가 나머지 기자들로부터 강력한 항의를 받아야 했다. 별로 중요한 정보도 아닌 것으로 기자를 차별한 대변인의 실책이 컸다. 이처럼 과히 영향력 없는 매체라고 해서 차별대우를 하는 것은 생각이 짧은 때문이다. 그 매체의 기자가 감정적으로 허점을 캐낼 수도 있으며, 지속적으로 기사화할 경우 타격을 받을 수 있다. 역으로 특정 매체에 특종을 주지 말라고 한다. 경쟁이 치열한 언론 상황에서 특정 신문이 특종(scoop)을 했다면 반대로 낙종을 한 기자들도 있게 마련이다. 그러면 이른바 '물먹은' 기자들이 담합해 특종을 준 취재원을 캐게 되고, 사실로 밝혀지면 그 조직의 관련 기사를 집단으로 거부하겠다고 나설 수도 있는 것이다. 기자 초년생이거나 여자 기자라고 얕잡아 보아서도 안 된다. 경력이 오랜 베테랑 기자는 자신의 경험에 의존하는 경우가 많지만, 새내기 기자일수록 의욕이 넘치고 준비를 철저하게 하기 때문에 말 그대로 큰코다칠 염려가 있다.

특정 기자와 오랜 교분으로 사적인 친분이 쌓였다 해도 공사를 구별하지 못해선 안 된다. 학연이나 지연적 유대가 강한 우리나라 사람들의 특성상 공사를 엄격히 분리하기가 어렵고 정보나 특종을 위해 사적인 관계를 유지할 수밖에 없는 것이 현실이다. 하지만 되도록 사적인 접촉을 피하고 공사를 구별하는 것이 언론인이 지켜야 할 규범이다. 특종을 주어서는 안 되지만 정보는 주라는 말이 있다. 모순적이긴 하지만 기자들에게 가장 중요한 것이 정보인 만큼 객관적인 정보와 좋은 자료, 조언을 주는 차원에서의 아이디어를 제공할 때 신뢰를 쌓을 수 있을 것이다.

언론을 상대해야 하는 입장에서 언론인을 알아두는 것은 여러모로 도움이 될 수 있다. 기사경쟁이 치열한 기자들도 취재원과의 개인적 친분관계를 중요시한다. 그러나 서로를 이용하고 이득을 보려 할 것이 아니라 인간미를 교감할 수 있는 관계를 만드는 것이 좋다. 불과 몇 년 전까지도 정당 대변인실은 기자들에게 골프나 향응 접대가 공공연하고 당연한 업무였다. 지금은 그러한 구태와 악습이 많이 개선되었겠지만, 그런 것보다는 생일이나 가족의 기념일, 집안의 경조사 등 세심한 부분에 보여주는 작은 정성이 더 효과가 크다. 사실 기자단 전체에 비싼 예산을 들여 대접을 해봤자 개인적으로 고마워하는 사람은 거의 없다고 한다. 필자와 교분이 있는 기자들도 작고 세심한 부분의 관심과 배려가 더 특별하게 느껴진다고 말한다. DJ 정권에서의 청와대 모 여성 대변인은 기자들로부터 이런 측면에서 상당히 호평을 받았던 것으로 안다. 개인의 능력도 있겠지만 정당정치를 오래 경험하고 기자들과의 폭넓은 교류로 좋은 관계를 유지해온 때문이다. 정당인 시절 한 여름이면 직접 아이스크림을 사와 더위에 수고하는 출입기자들에게 일일이 나누어주는 등 친구나 누나같이 작지만 따뜻한 배려를 했다는 등의 일화가 기자들 사이에 미담처럼 전해지고 있다.

조직의 언론창구는 일원화되어야 한다. 그래야 제각기 다른 구구한 말들이 밖으로 나가지 않는다. 청와대의 대변인 발표 다르고 관련부처 고위인사의 발언이 달라 정정 발표를 반복하는 우발 사건이 발생하는 것도 이 때문이다. 이와 아울러 대변인 역할을 하는 사람은 말 한마디도 신중해야 한다. 회의 결과를 기자들에게 브리핑할 때 회의에서 발언된 말 그대로 전하지 않고 자기 나름대로 어구를 수정하거나 해석해 발표하는 것은 위험한 일이다. 기자들의 집요한 질문이 빗발치고 잘못 전달될 경우 책임을 묻게 된다. 노무현 정부 초기 청와대의 여성 대변인이 도중 하차했던 것도 이런 점에서 미숙했기 때문이라고 짐작된다. 그래서 기자들에게 브리핑을 해야 하는 역할을 맡은 사람은 작은 수첩에 회의 녹취록을 작성하다시피 해 정확한 어구를 인용하는 것이 좋다.

평상시의 업무나 회의 브리핑과는 달리 특히 위기 상황에서 효율적인 언론 대응이 중요하다. 무엇보다 개인적인 추측으로 말을 해선 안 되며, 말할 수 있는 정보만 알리는 것이 좋다. 실명기사(by-line)을 써야 하는 기자들은 오보로 판명될 경우 그 능력을 의심받는 수모와 손해를 감당해야 하기 때문이다. 그리고 취재원과의 관계는 나빠지게 마련이다. 침묵만 지키는 것은 문제를 해결하는 데 절대 효율적이지 못하다. 말을 해야 할 때와 하지 말아야 할 때를 잘 판단해 현명한 선택을 해야 한다. 또한 위기 상황일수록 당황하면 사태만 악화시키는 결과를 낳을 수 있다. 침착하게 성의껏 언론에 대응해야 한다.

위기관리

위기 발생시 위기를 효율적으로 극복하기 위해서는 언론에 보도되기 전에 신속하게 대응할 필요가 있다. 자체적으로 조사한 내용과 상황을 비교적 정확하고 솔직하게 언론에 공개하고, 가능한 대응책을 제시한다. 시간을 끌고 은폐하거나 왜곡하려 하면 오히려 사태를 악화시키고 결과적으로 손해를 보게 된다. 언론에 정확한 정보를 제공해야 악성 루머나 부정적 정보를 차단할 수 있다. 위기 상황이 발생하면 최소한 24시간 안에 조직의 공식성명을 짧게라도 언론에 발표하는 것이 좋다. 기자들에게 브리핑을 할 때는 전문용어를 피하고 쉬운 말로 풀이해 기자들이 쉽게 기사화할 수 있도록 하는 것이 좋다. 그리고 기자들이 정확하게 말을 인용(quotation)해 보도하는가를 확인하는 것도 중요하다.

인도에서 제일 큰 신문사 주필이 "언론은 제조업(manufacturing industry)이다"라는 말을 했다고 한다.43) 인용문을 제조한다, 즉 기자가 작문을 한다는 자조적인 표현이라고 볼 수 있다. 외국의 주요 언론에서는 비록 문법적으로 틀린 말이라 하더라도 그대로 옮기는 데 비해 우리나라 기자들은 인용부호를 이용한 직접인용에 대해 책임의식이 다소 부족한 경향이 있다. 하긴 녹음을 하지 않는 이상 브리핑 내용을 메모하다 보면 똑같이 들었어도 조금씩 차이가 난다. 따라서 중요한 부분은 별도 배포자료를 마련하는 것이 현명하다. 작문된 인용이나 오보가 있을 때는 정정보도를 정당하게 요구할 수 있다.

언론은 스트레이트 기사 외에 그 뒷얘기(behind story) 등의 낚숫거리를 좋아한다. 그런 기삿거리를 제공함으로써 위기 상황을 맞은 입장에서는 스트레이트 기사의 강도를 조금 완화시키는 효과를 얻을 수 있다. 또 기사의 방향을 핵심에서 약간 돌려 위기관리에 필요한 정신적·시간적 여유를 얻을 수도 있을 것이다.

> 필자가 정치권에서 보아온 대변인들을 유형별로 분류해보면 다음과 같다.
> · 호소형: 공적인 관계보다 사적인 관계를 더 중시하고 거기에 호소하는 유형이다. 능력이 뛰어나진 않으나 그러한 본인의 허점도 진솔하게 말할 수 있는 겸손함으로 자기 과시와 개성이 강한 기자집단을 너그럽게 통솔한다.

---

43) 김경해, 『생생한 PR현장이야기』, 매일경제신문사, 1999, 239쪽.

- 원칙형: 빈틈없는 성격으로 원리원칙에 입각해 언행하며, 기자가 요구한다고 해도 불필요하다고 판단되는 논평은 하지 않는다. 기자들과 일정한 관계를 유지하며 조직에 충실한 유형이다. 기자들을 깍듯하게 예우하나 기자들이 인간적인 매력을 느끼지 못한다.
- 군림형: 기자들을 부하직원처럼 통제하려 든다. 자신의 권위를 과시하고 싶어 한다. 기자 브리핑시 사실 내용을 자기식으로 해석해 다소 의미를 왜곡하는 경향이 있다. 대변인으로서의 자세보다는 정치인으로서의 정치적 감각을 앞세우고자 한다. 본인은 기자들과 가깝다고 생각하나 기자들이 싫어하는 유형이다.

필자가 접촉한 기자들의 성향을 나름대로 분석해 분류해보았다.
- 개인플레이형: 평상시에도 다른 기자들과 별로 어울리지 않고 공개된 정보에는 별 관심을 보이지 않는다. 기자들이 특별한 것이 아닌 경우 정보를 공유하고 서로 확인을 해주며 협조체제를 이루는 데 반해, 혼자 움직이는 기자들은 확인 작업이 미비할 경우 오보를 낼 염려가 있다.
- 정보공유형: 일반적인 정보를 서로 공유한다. 그러나 특종경쟁에서는 다소 뒤질 우려가 있다. 평상시에는 정보를 공유하다가도 특종감이 생기면 개인플레이형으로 돌변한다.

취재원과의 관계에서도 각기 다른 성향을 볼 수 있다.
- 친분중시형: 취재원과의 사적인 친분관계를 중시한다. 사적인 접촉도 많다. 그러나 특정 인사와 특별한 친분으로 알려지면 폭넓은 교류에 제약을 받을 수 있다. 권력지향적인 성향의 기자들은 오히려 특정 인사와의 친분을 더욱 중요하게 여긴다.
- 적분충실형: 특정 취재원과의 특별한 친분이 아니지만 폭넓으면서 일정한 관계를 유지한다. 때에 따라서는 특종을 따는 기회가 적을 수 있다.
- 기본만족형: 특종에 대한 욕심이 없고 물먹는 일만 없으면 만족한다. 직업에 대한 프라이드가 약하다.

토크쇼에 출연하기

17장 말 잔치의 호스트
18장 손님이 왕

17장 말 잔치의 호스트

토크쇼의 범위는 상당히 포괄적이다. 토크를 게임이나 다양한 프로그램과 혼합한 오락 본위의 쇼 비즈니스 타입의 프로그램에서 최근 일어난 사건이나 이슈에 대해 논평과 토론을 곁들인 정보 위주의 프로그램에 이르기까지 모두 토크쇼에 포함된다. 매일 아침 모든 채널에서 방송하는 뉴스 매거진 쇼를 비롯해 심지어 인터뷰나 뉴스 토크 프로그램도 사실상 토크의 한 형태로 간주될 수 있다. 이런 프로그램들을 굳이 차별화하려는 이유는 토크쇼가 잡담이나 버라이어티쇼라는 가벼운 평판을 받기 때문이다. 그렇게 보면 토크쇼란 뉴스나 다큐멘터리, 인터뷰, 논평, 토론, 영상필름 등 다양한 요소를 토크 형식과 혼합한 것이라고 할 수 있다. 토크쇼의 특징은 시청자들의 참여를 유도하여 상호작용함으로써 사회공론의 장이 될 수 있는 데서 찾을 수 있다. 토크쇼는 사람들로 하여금 사회에서 일어나고 있는 사건들에 대해 이해하고, 다양한 삶과 그 속에서의 인간관계를 이해함으로써 국민적인 공감대를 이루게 하는 데 기여한다고 할 수 있다.

아침뉴스쇼는 출근준비를 하는 대다수의 직장인들이 신문을 읽는 대신 뉴스를 접하기 위해 시청하고 있다. 텔레비전식 일간지인 셈이다. 보통 남녀 두 MC와 고정 패널리스트, 그리고 꼭지(코너)별 리포터들이 출연해 가정적이고 친근한 응접실 분위기를 연출한다. 공통적으로 뉴스와 날씨, 때로 시내 교통 상황을 전하고 요일별 특별 코너나 특집물로 꾸며진다.

주중이나 주말 심야시간에 방송되는 토론 프로그램은 최상의 텔레비전 토크라고 평가될 수 있다. 우리나라의 TV 토론 프로그램은 <나이트라인(Nightline)>이나 <래리킹 라이브(Larry King Live)>와 같이 사회자가 자기 이름을 내걸고 스타급으로 군림하는 외국 방송과 달리 사회자가 자주 교체되고 장수하지 못하는 아쉬움이 있다. 토론 프로그램은 중요한 이슈와 당면한 문제를 성찰하면서 시사뉴스와 경향을 더 잘 이해하도록 도와주고 시청자 전화 등을 통해 시청자의 피드백을 전달한다.

대부분의 사람들이 생각하고 있는 좁은 개념의 토크쇼가 버라이어티 토크 프로그램이다. 인기 연예인 등 유명인사와의 인터뷰나 이색적인 화제 등을 소재로 유머와 재미를 섞어 다룸으로써 일상생활로부터 도피를 꾀할 수 있게 한다. 그러나 지나친 익살과 과장, 선정적 표현 등으로 저질이라는 평가를 받기 쉽다.

이 밖에 개인적 문제와 인간관계의 갈등을 다룬 심리상담 프로그램도 있다. 미국에 가장 많은 토크쇼가 이런 유형인데, 또한 가장 많은 저질 논쟁이 이는 형식이기도 하다. 필자가 미국에서 시청한 적이 있는 <제리 스프링어(Jerry Springer) 쇼>에서는 바람난 남녀의 삼각관계를 자주 다루는데 당사자들이 함께 출연해 갈등관계를 적나라하게 밝힌다. 비만인 남자친구에게 음식을 통제하자 남자친구는 똑같이 비만인 여자를 새로 사귀고 스튜디오에 마련된 2미터 길이의 샌드위치를 게걸스럽게 먹어대는가 하면, 남편이 자기에게 소홀하다고 시동생과 바람을 피운 여자가 당당히 남편에게 항변한다. 방송 도중 출연자들

사이에는 고함과 주먹질이 오가고 방청석에서는 출연 여성에게 입에 담지 못할 욕설을 합창하듯 퍼붓는다. 그야말로 방송이 아닌 난장판 같은 느낌이다. 그런 상황을 통제하느라 항상 덩치 큰 경호원 두세 명이 지키고 서 있기까지 한다. 남의 나라 상황이긴 하지만 과연 그렇게 해서 방송이 문제해결을 돕는 걸까, 오히려 문제를 증폭시키는 건 아닐까 의아스럽기도 하다.

우리 방송의 경우에도 예전 같으면 개인적인 문제를 방송에서 밝히기 거부했고, 출연한다 해도 실루엣 처리와 음성변조로 신분이 노출되는 것을 꺼렸다. 그러나 요즘은 당당히 출연해 개인사나 집안 문제를 밝히는 것을 보면, 사람들이 이제는 자신의 갈등과 증오를 삭이거나 억누르기보다 밖으로 표출하고 직접 나서서 말하기를 원한다는 것을 알 수 있다. 전문가 패널이 출연해 상담을 하고 의견을 제시하기는 하는데 짧은 시간 내에 상담과 치료를 기대하기는 무리이다. 그래서 때로는 특별한 해결책 없이 원론적인 수준의 얘기만 오가는 것을 볼 수 있다. 어렵게 꺼낸 출연자의 개인 문제가 단순히 흥밋거리에 그쳐서는 안 될 것이다. 더구나 그 자리에서 잘잘못을 가리고 평가하려 해선 안 된다. 고부간의 갈등을 소재로 다룬 한 아침방송 프로그램에서 사회자가 나서서 며느리 측을 마구 나무라고 비난해 물의를 빚은 일이 있다. 사회자의 본분을 망각한 행동이 아닐 수 없다.

사회자

토크쇼의 사회자 혹은 MC는 게스트로 초청된 출연자를 자기 집 응접실처럼 편하게 느낄 수 있도록 하고, 시청자가 듣고 싶은 얘기를 인터뷰를 통해 잘 이끌어냄으로써 출연자와 시청자의 다리 역할을 하는 사람이다. 사회자가 훌륭한 달변가일 필요는 없다. 자기보다 게스트로 하여금 말을 하게 하는 역할이다. 짧은 시간 내에 인터뷰를 하는 보도 프로그램과 달리 토크쇼는 시간이 길기 때문에 다양한 인터뷰가 가능하다. 앞 장에서 이미 인터뷰어의 자질론을 다루었지만 토크쇼라는 또 다른 방송환경에서 성공적인 인터뷰를 위해 사회자에게 요구되는 자질과 주의해야 할 점들이 있다.

- 토크쇼의 사회자는 우선 평소 사교적이고 호기심이 강한 성격이 좋다.
- 인터뷰는 검사가 피의자를 취조하듯 "예", "아니오"만 대답하라는 식으로 답변을 강요하거나 공격적이어선 안 된다.
- 예의 바르게 개인적 호감과 친분으로 맞이하듯이 게스트를 대한다.
- 토크쇼 자체가 정보 제공적이어야 한다. 뭔가 알려주는 것이 없는 인터뷰는 무의미하다. 따라서 흥미로운 시각으로 접근해야 한다.
- 시청자의 입장에서 시청자들이 궁금해하는 내용이라면 질문을 주저하지 않는다.

　래리 킹은 1992년 대선 캠페인에서 부시 대통령에게 직설적으로 "빌 클린턴을 싫어하느냐"라고 물었다. 그는 또 닉슨 대통령에게 "워터게이트 사건을 꾸밀 때 두렵지 않았냐", 레이건 대통령에게는 "총에 맞은 기분이 어땠냐" 등의 질문을 주저하지 않았다. 질문을 받는 입장에서는 황당할 수 있겠지만 시청자로선 정말 궁금한 내용이 아니겠는가?

- 토크쇼 사회자는 게스트의 의견을 무시하거나 경멸하는 태도를 보여선 절대로 안 된다. 게스트가 어린아이라 할지라도 존중하지 않고 반말을 하는 태도는 바람직하지 않다.
- 한꺼번에 여러 개의 질문을 하는 것은 정말 답변을 다 듣고 싶어 하는

뜻이 아닌 셈이다. 출연자는 질문을 다 기억하지 못하고 답변도 채 다 하지 못한다.

- 한 가지 질문에 대한 답변이 너무 길어지면 완곡하게 차단하고, 주제에서 벗어나면 주제를 상기시킨다. 또 여럿이 출연한 게스트 가운데 말이 너무 많은 게스트는 정중하지만 단호하게 통제한다.
- 게스트의 말에 호응을 하고 맞장구를 쳐주는 방법을 다양화한다. 게스트의 말끝마다 "네, 네" 하며 응수하는 것은 듣는 사람으로 하여금 짜증이 나게 한다. 그러면 게스트의 말은 귀에 들어오지 않고 사회자의 응수하는 소리에 더 귀를 기울이게 되는 역효과를 낼 수 있다.
- 사회자는 겸손해야 하며 출연자보다 더 많이 알고 더 똑똑하다는 것을 과시하고 싶어 해선 안 된다. 요즘은 특정 분야의 전문가가 프로그램의 사회를 맡아 같은 분야의 게스트를 초빙하는 경우가 종종 있다. 그럴 때 사회자의 역할을 망각하고 자기 주장이나 의견을 앞세워선 안 된다. 역으로 사회자의 지적 수준이 낮아서도 안 된다. 한번 허점을 노출하면 출연자가 대화상대를 다소 무시하는 태도를 보일 수 있다. 평소 다방면의 상식과 시사에 밝아야 하며 토픽과 관련된 정보와 전문지식에 대해 어느 정도 공부가 필요하다.
- 사회자로서 특정 사안에 관한 개인적 의견을 표현하는 일에는 신중해야 한다. 방청객이나 시청자는 인터뷰가 진행되는 동안 진행자의 의견을 짐작할 수 있고, 그에 영향을 받거나 좌우되기도 한다. 사회자는 게스트의 의견과 그 이유를 찾는 역할을 해야지 그 의견에 반대하거나 갈등을 만드는 역할을 하는 것이 아니다.
- 편파적이지 않고 객관적인 시각과 태도로 진행한다. 다음 장 TV 토론에서 다루겠지만 토론 프로그램에서 진행자가 어느 한쪽의 의견을 지지하고 다른 한쪽을 반대하는 듯한 모습을 보여선 안 된다. 양쪽이 의견을

충분히 표출하게끔 배려하고 찬반 결론은 시청자들이 내릴 수 있도록 해야 한다. 진행자 개인의 정치적 성향이 분명하더라도 방송을 하는 동안에는 중립을 유지해 편파성 시비가 일지 않도록 한다.

심야 음악 프로그램의 인기 DJ가 문학기행 코너의 리포터와 대화를 나누는데 리포터가 "오늘 소개해드릴 작가는 19세기 미국의 단편소설 작가 에드가 알렌 포 읍니다"라고 말하자 인기 DJ는 "아, 유명한 작가죠. 에드- 갈렌 포"라고 응수했다. "아니요, 에드 갈렌이 아니라 에드가 알렌 포(Edgar Allan Poe)요." "……" 이후 방송은 살얼음을 걷는 듯 팽팽한 신경전 속에 진행되었다.

사회자의 의상

토크쇼 등의 대담, 교양, 뉴스 프로그램에서는 일반적으로 다소 보수적이어야 한다고 알려져 있다. 너무 눈에 띄는 의상이나 유행에 민감한 의상은 친밀감보다는 거부감을 일으킬 수 있기 때문이다. 의상이 단순하고 단정해보이면 시청자들로 하여금 안정감을 느끼게 한다. 출연자들이 여럿일 경우 출연에 앞서 상대적인 효과와 서로의 조화를 생각할 필요가 있다. 어떤 의상을 입느냐 하는 것은 누구와 어디서 인터뷰를 하느냐에 따라 달라질 수 있다. 정치인이나 기업대표일 경우 격식을 더 갖추어야 할 것 같지만 오히려 편안한 차림일수록 편한 분위기가 될 수 있다. 운동선수를 그것도 주말에 인터뷰한다면 당연히 캐주얼한 차림이 적합할 것이다.

토크쇼 진행

　방송을 자연스럽게 하기 위해 기억할 것은 방송은 시청자들과 만나는 인간적인 전달체라는 점이다. 사물(카메라)이 아닌 사람(시청자)과 연결될 때 진실성을 높일 수 있다.

　방송을 앞둔 출연자를 안정시키는 역할은 사회자가 해야 한다. 출연자가 많이 긴장해 있을 땐 일상적인 이야기를 나누며 분위기에 익숙해지도록 돕는다. 출연자의 신변잡기에 대해 말을 하도록 유도하는 것이 좋다. 사람은 누구나 자기 자신에 대해 말하길 좋아하기 때문이다. 방송에서 나눌 대화를 너무 많이 할 경우 출연자가 막상 녹화에 들어가선 생동감 있게 다시 표현하지 못하는 경우가 생길 수 있다. 또 간혹 출연자들은 방송 전에 나눈 이야기임을 구별하지 못하고 "아까도 말씀드렸듯이……"란 말로 서두를 꺼내 사회자를 당황시키고 처음 듣는 시청자들을 의아하게 만든다.

　마음의 상태는 몸으로 표출된다. 즉 보디 랭귀지가 중요하다는 말이다. 상대가 말을 하는 동안 귀를 기울여 듣지 않고 흘려듣는 것은 상대방이 느낄 수 있다. 편안하게 자연스런 모습을 보여야 하며 진심으로 말을 해야 한다. 성공적인 대화를 위해서 반드시 지켜야 할 것은 눈을 마주치라는 것이다. 듣고 말하고 하는 동안 자주 눈을 마주쳐 상대방의 이야기를 귀 기울여 관심 있게 듣고 있다는 것을 보여야 한다. 또 상대방 쪽으로 몸을 약간 기울이는 것도 좋다. 상대를 쳐다보고 들으면서 고개를 약간씩 끄덕일 수도 있고 안타까운 내용이다 싶을 땐 좌우로 약간 흔들 수 있다. 너무 큰 동작으로 고개를 끄덕이는 것은 가식적일 수 있다.

　출연자가 여럿일 때 그 중에는 자기 집 안방처럼 편안해하는 사람도 있고 유난히 수줍음을 많이 타는 사람도 있다. 그럴 때 한 사람이 대화를 독점하지 못하게 해야 한다. 말할 수 있는 기회를 고르게 주어야 하며 수줍어 말이 없는 사람도 대화에 끌어들여 의견을 묻고 말을 하도록 유도한다.

사회 저명인사들이 게스트로 출연했을 때 그 권위나 유명세에 압도당하는 분위기가 될 수 있다. 그러나 그들을 다른 사람과 마찬가지로 똑같은 생활인으로 대하는 것이 좋다. 게스트가 전공 외에는 아는 게 없을 것으로 추측하고 한 가지에 대해서만 다루려 해선 안 된다. 출연자의 전문 분야 외적인 관심사에 대해 물어보면 더 많은 이야기가 나올 수 있다. 주제는 너무 광범위하지 않은 것으로 하며 일단 결정되면 사전에 되도록 많은 정보를 모은다.

오프닝과 클로징을 가능한 한 많이 리허설한다. 대부분 사회자들은 이 두 부분이 가장 어렵다고 말한다. 너무 원고에 의존하는 것으로 보이지 않도록 자연스럽게 한다.

이 밖에 건설적인 인터뷰를 위해서는 게스트의 사생활에 관한 민감한 질문은 방송 전에 게스트와 협의를 하고 되도록 삼간다. 사회자의 숙련된 모습을 보이기 위해 질문의 도입부를 일률적이지 않도록 다양하게 표현하고 말을 더듬는다든가 "그", "어", "저" 등의 무의미한 말을 피한다. 대신 잠깐의 시간적 간격을 둔다. 침묵하는 동안에는 질문지를 내려다보거나 다음 질문을 생각하는 것처럼 게스트를 쳐다보는 등의 제스처가 자연스럽다.

오늘날 미국의 대표적인 토크쇼 사회자로는 단연 오프라 윈프리(Opra Winfry)가 손꼽힌다. 우리나라와 달리 미국에서 토크쇼 사회자는 슈퍼스타급으로 간주되고 있다. 1960년대 이후 전설적인 바바라 월터즈도 여전히 활동하고 있고, 데이비드 러터맨, 제이 레노 등 내로라

하는 사회자들이 많다. 그럼에도 윈프리가 꼽히는 이유는 그녀의 가장 큰 강점 때문이다. 다른 사람에 대해 진지한 관심과 동정심을 갖고 이야기를 듣는다는 것이다. 전기작가 메이어(Mair)는 다음과 같이 지적했다.44)

    일반적으로 방송 인터뷰하는 사람들은 질문을 한 후, 대답을 듣지 않는 게 보통이다. 어떤 일로 주의가 흐트러지거나 아니면 새로 질문할 것을 생각하느라 그렇다. 그러나 오프라는 초대 손님 이야기를 자세히 듣고 그 대답을 활용해 주제를 더 깊게 파고들어 간다. 이것이 지금까지 그녀의 스타일이었고, 이 스타일은 아주 잘 먹혀들어 갔다. 그녀가 시청자와 초대 손님의 삶에 일어나는 일에 대해 관심이 많다는 사실을 느끼게 해주기 때문이다.

    게스트로 하여금 웬만해선 결코 공개하지 않는 내용을 공개적으로 이야기하도록 이끌어내는 것이 사회자의 능력일 것이다. 이러한 자질은 인터뷰를 전문으로 하는 리포터에게도 해당된다. 그러기 위해서는 상당한 이해심이 필요하다. 때로는 의도된 이해심일 수도 있지만 출연자가 사적인 이야기를 털어놓도록 분위기를 조성하는 뛰어난 능력과 노하우, 그리고 인간미와 아울러 토크쇼 사회자에게 필요한 덕목일 것이다.

---

44) 지니 그래험 스콧,『토크쇼, 그 힘과 영향』(김숙현 역), 커뮤니케이션북스, 2002, 356쪽.

18장 손님이 왕

토크쇼에 출연제의를 받으면 출연을 결정하기에 앞서 그 주제가 자신에게 적합한가를 따져봐야 한다. 익숙하지 않은 주제에 관해 이야기를 해야 한다면 과감히 그 제의를 거절해야 한다. 그러지 않으면 결국 자신의 명성에 흠집이 날 염려가 있기 때문이다. 일단 제의를 수락하면 차근차근 단계적으로 준비해야 한다. 우선 방송 날짜와 방송국에 도착해야 할 시간을 확인하고, 구체적으로 다루어야 할 분야가 무엇인지, 내가 이야기할 시간적 분량을 얼마인지, 그리고 방송국에서 전문 분장사가 직접 분장을 해줄 것인지, 의상과 머리 손질은 직접 준비해야 하는지 등 사소한 부분까지 확인하는 것이 좋다. 또 방송출연료는 물론이고, 장거리일 경우 여행경비 지불 여부에 대해서도 분명히 하는 것이 좋다. 방송 녹화 테이프 복사본을 원한다면 사전에 요청해둔다.

각양각색의 인물들을 출연자로 섭외하면서 사회자 혹은 제작진이 두 번 다시 출연 요청을 하지 않게 되는 사람이 있는가 하면 출연해서 뜻밖에 역할을 잘해내 다시 찾게 되는 사람도 있다. 사회자나 제작진으로서는 다음과 같은 유형의 게스트를 선호한다.

- 우선 자기 일에 대한 열정이 남다르고 전문가다운 사람

- 시청자들로 하여금 더 많은 것을 궁금해할 수 있도록 흥미를 자극하는 능력을 가진 사람
- 어떤 이슈에 대해 논쟁할 줄 아는 좌담가
- 유머 감각이 있고 가급적 겸손한 사람
- 전공 외에도 다방면에 관심과 경험이 많아 다양한 이야기를 풀어낼 수 있는 사람

이와 반대로 사회자나 제작진이 가장 난감해하는 게스트의 유형이 있다.

- 흥미로울 것이라고 크게 기대했던 데 반해 그저 그런 사람
- 좋은 이야깃거리가 있는 데도 똑같은 말만 반복하는 사람
- 융통성 없이 한 가지 주제에만 집착하는 사람
- 무슨 주제이건 우스갯소리로 받아넘기려는 사람
- 진행자의 질문에 짧고 무성의하게 답변하는 사람

아무리 뛰어난 토크쇼 진행자라도 게스트가 말을 하지 않는다면 어쩔 도리가 없다. 또 그런 게스트는 다시 초청되기 어렵다고 보면 된다.
토크쇼 출연이라는 드문 기회를 맞아 기왕이면 멋지게 해내고 싶은 욕심이 드는 것은 누구나 마찬가지이다. 그러기 위해서는 우선 심적인 부담감이 없어야 한다. 방송에서 자신 혹은 회사, 조직을 대표할 때 우선 심적으로 편안해야 잘할 수 있다. 주제가 내키지 않거나 아는 게 충분치 않다고 판단되면 정중하게 출연을 거절한다. 아니면 다른 사람을 내세우는 편이 낫다. 평소 전공 외의 분야에도 관심을 갖는 것이 좋다. 연예계 소식에도 밝고 장안의 화제나 화제의 인물에 대해서도

눈과 귀를 열어두는 것이 유리하다.

부정적인 사고는 무슨 일에건 도움이 되지 않는다. 처음부터 방송하다 실수하면 어쩌나 하는 부정적인 생각을 하면 결과도 부정적이 된다. '평소대로 하면 되지' 하는 생각으로 말과 모습에서 긴장을 풀어야 한다.

방송에서 목소리는 정말 중요하다. 목소리에는 그 사람의 개성과 인격 등이 나타난다고도 한다. 목소리나 외모나 선천적인 부분이 크긴 하겠지만 노력과 훈련을 통해 최대한 가다듬고 가꿀 필요가 있다. 미국의 클린턴이나 레이건 대통령같이 강하고 깊이 있는 목소리는 설득력 있는 이미지를 풍길 수 있다. 하지만 모두가 좋은 목소리를 타고날 수는 없는 일이다. 그리고 중요한 것은 목소리가 좋다 나쁘다가 아니라 전달력이 문제이다. 너무 시끄럽게 혹은 너무 빨리 말하는 것은 좋지 않다. 속도를 조금 늦추고 차분하게 말하는 습관을 들인다. 자신의 목소리를 잘 알고 익숙해지는 것이 최선의 방법이다. 녹음된 자기 목소리에 만족하는 사람은 아무도 없을 것이다. 하지만 방송을 할 거라면 자기 목소리에 스스로 편해져야 한다. 어떻게 들리는지, 속도는 어떤지 익숙해야 스스로 편해질 수 있다. 방송 인터뷰를 앞두고 있다면 가상의 질문에 답하는 연습과 리허설을 해보는 것이 좋다. 끝으로 긴장하지 말아야 성공적인 방송을 할 수 있다.

외모(차림새)

TV 방송에서는 어떤 모습으로 비치는가가 가장 중요하다. 말쑥하고 깨끗한 차림새가 중요하다. 왜냐하면 TV 카메라는 거짓말을 하지 않기 때문이다. 카메라에 단정한 머리와 청결한 손톱으로 비춰지면 그것이 곧 시청자가 보는 모습이다. 셔츠나 블라우스의 단추가 열렸다면 시청자가 보게 된다. 깨끗한 이미지는 자신 혹은 자신이 몸담고 있는 조직을 효과적으로 대표하는 셈이다.

게스트로 출연할 때는 분장을 하지 않아도 된다고 생각하는 사람이 있을 수 있지만 분장을 하지 않을 경우 방송 내내 창백한 모습으로 비친다. 앞서 출연준비 과정을 소개했지만 평소 어떤 스타일의 의상을 선호하든 기본적인 사항들은 반드시 고려해야 한다.

- 번쩍거리거나 너무 하얀 색상은 조명에 반사되어 형태를 흐트러뜨린다.
- 촘촘한 줄무늬나 작은 체크무늬는 TV 화면에 번져 가물거리는 효과를 낸다.
- 방송 녹화 중 조명은 엄청난 열을 발산하므로 너무 두껍게 입지 않는 것이 좋다.

녹화 시작 전 분장을 했더라도 녹화가 중단되는 사이 분장사는 게스트의 이마나 콧등에 파우더를 발라 조명에 번쩍거리지 않도록 한다.

보통 옷에 부착하는 소형 마이크를 이용하는데 성능이 좋으므로 입을 가까이 갖다 대며 마이크와의 거리에 신경을 쓰려고 하지 않아도 된다. 앞에 놓인 종이를 만져 바스락거리거나 유리잔을 탁자에 소리가 나게 내려놓는 것도 마이크에 예상외의 큰 소음을 발생시킨다.

자세

토크쇼에서는 주로 푹신한 소파에 앉는다. 소파에 앉을 때 너무 깊숙이 파묻히듯 앉거나 끝에 간신히 걸터앉은 듯한 자세는 좋지 않다. 다리를 벌리고 앉거나 다리를 꼬는 자세도 보기에 썩 좋지 않다. 다리를 얌전히 꼬는 것도 아니고 옆에 앉은 사람에게 불편을 줄 정도로 공간을 차지하며 한쪽 다리에 다른 쪽 다리를 올려놓는 사람도 있다. 아무리 권위 있는 학자의 좋은 프로그램이더라도 그 사람의 자세가 거만해 보이면 권위에 대한 거부감부터 생기게 된다.

간혹 세트 뒤에서 계단을 내려오며 출연자가 등장하는 설정이 있다. 서너 개 혹은 대여섯 개 정도의 계단이더라도 헛디디면 다칠 우려가 있고 넘어지면 본인으로서도 창피하다고 느낄 것이다. 한복이나 긴 드레스를 입은 경우 옷자락이 걸리지 않도록 조심하며 발을 약간 옆으로 해서 내려오는 것이 안전하다.

토크 인터뷰 준비

주제로 다룰 분야의 전문가라 하더라도 반드시 새로운 정보와 자료를 수집해 방송에 임해야 한다. 프로그램 사회자가 준비를 많이 해 더 깊이 있거나 난해한 질문을 할 경우도 있기 때문이다. 대답하기 곤란하거나 불명확할 경우 정확한 답을 위해선 좀더 연구를 해보아야 한다고 간단히 설명하는 것이 좋다. 불확실한 대답을 할 경우 명예에 오점이 될 수 있다.

사회자가 자신에게 부정적 영향을 줄 질문을 한다면, 대답하기 싫은 질문에는 대답하지 않고 주도적으로 화제를 바꾸어도 된다. 민감하거나 피하고 싶은 내용은 사전에 사회자에게 주지시켜 당황하는 일이 없도록 한다.

좀더 편안하게 프로그램에 임하기 위해 사회자나 제작진에게 사전에 질문서를 요청할 수 도 있다. 그러면 프로그램이 무엇을 요구하는지 예상할 수 있기 때문이다. 또 다른 방법은 스스로 적절하다고 생각하는 질문을 제작진에게 보내는 것이다. 이 또한 텔레비전 출연을 성공적으로 만드는 데 큰 도움이 될 수 있다.

특정 분야의 전문가로서 방송에 도움이 될 수 있는 시청각 자료를 별도로 제공하는 것도 시청자들의 이해를 돕는 데 효과가 있다. 하지만 방송에 적합하지 않은 자료라고 제작진이 판단해 사용하지 않는다고 해도 기분 나빠 할 필요는 없다.

이미 방송된 내용을 사전에 모니터해보는 것도 좋다. 그러면 사회자의 접근방법이나 프로그램의 형식을 이해할 수 있을 것이다.

방송준비

방송에 있어 시간엄수는 철칙이다. 간혹 어쩔 수 없는 사고도 있지만 준비를 철저히 함으로써 미리 대비할 수 있다. 가령 의상을 미리 결정해두면 시간과 노력을 줄일 수 있을 것이다. 촬영장소에 대한 위치도 사전에 파악해두는 것이 좋다. 휴대전화를 소지하고 연락할 전화번호를 반드시 확인해놓아야 한다. 또 방송국으로 가는 도중 타이어가 펑크가 나거나 접촉사고가 있을지도 모를 일이므로 콜택시 전화번호나 사고가 생겼을 때 도움을 받을 수 있는 서비스업체의 연락처를 챙

기면 좋다. 그리고 예기치 못한 일 혹은 갑자기 병이 나 방송출연을 못 하게 될 상황에서 대신해줄 만한 인물을 생각해두는 것도 필요하다.

제시간에 도착하면 여유 있게 준비할 수 있는 시간을 가질 수 있다. 토크쇼 사회자들은 방송 전에 게스트와 가벼운 대화를 나누는 시간을 갖고 싶어 한다. 물론 토크쇼를 위한 사전대화는 대부분 PD와 작가 등 제작 스태프들이 담당한다. 분장할 시간도 필요하다. 분장을 하는 데는 적어도 한 시간 가량 소요된다. 분장사들은 방송시간에 촉박해 분장하는 것을 싫어한다. 자기 모습이 보기 좋아야 방송에 자신감도 더 생긴다. 따라서 분장하고 의상 준비하고 기타 다른 주의사항에 신경 쓸 수 있도록 시간을 넉넉히 가져야 한다.

방송 중

스튜디오의 낯선 환경 속에서 처음 보는 사람들과 말을 한다는 것, 나아가 카메라를 통해 대중에게 말을 해야 한다는 것은 어색하고 뭔가 기분이 위축되는 편치 않은 상황이다. 긴장이 크면 손에 땀도 나고 말을 해도 목소리가 모기 소리만 하게 나오고 자기가 무슨 말을 듣고 말하고 하는지 정신이 몽롱할 뿐이다. 그러나 긴장감은 대부분의 사람이 공통적으로 느끼는 기분이다. 이런 기분을 극복하기 위해서는 스스로 최면을 걸어야 한다. 외국 속담에 "당신이 마주하고 있는 사람도 한 번에 한 다리씩 넣어 바지를 입는다(The person you're talking to puts his pants on one leg at a time)"라는 말이 있다. 바닥에 주저앉아 바지를 입으면 모를까 선 채로 두 다리를 한꺼번에 바지에 넣을 수 있는 사람은 없는 것이다. 처음부터 잘난 사람도 없고 부자라고 하루에 밥을 세 끼 이상 먹는 것도 아니며 누구나 똑같다는 말이다. 내가 남보다 못할 것도 잘날 것도 없는 만큼 내가 긴장하고 부끄러우면 상대방도 그렇다고 생각하면 맞다. 그러면 자신감이 생길 것이다.

방송 전 대기실에서 PD나 사회자와 일상적인 대화를 주고받으며 워밍업하는 시간을 가지면서 긴장을 풀고, 스튜디오에 마련된 세트에 자리하면 출연자는 FD나 조연출의 지시를 받는다. 마이크를 옷깃이나 넥타이에 달고 줄이 늘어진 모습이 보이지 않도록 옷 안으로 마무리한다. 마이크를 달고 난 이후에는 되도록 마이크에 손이 닿는 일이 없게 해 심한 잡음이 나지 않도록 한다. 감기가 들었을 경우 휴지를 손이 닿을 가까운 곳에 준비하는 것이 좋으며, 긴장이 지나치면 갑자기 목이 잠겨 목소리가 제대로 나오지 않으므로 역시 물 한 컵을 준비해둔다.

방송이 진행되는 동안에 중요한 것은 시선을 어디에 두는가 하는 점이다. 보통 진행자가 있다면 진행자의 얼굴을 쳐다보면 된다. 앞에 카메라가 있다는 것을 의식하지 말고 편안하게 대화를 나눈다. 출연자가 다수일 경우 말하고 있는 사람을 쳐다보면 된다. 카메라를 직접 보면서 말하라는 제작 스태프의 요구가 없는 한 카메라는 의식할 필요가 없다.

TV 녹화는 고도의 집중력을 요구한다. 게스트는 보통 주변 환경의 10% 정도만 인지하는 것이 적절하다고 할 수 있다. 스튜디오의 방청객들, 이리저리 움직이는 카메라, 연신 신호를 보내는 FD, 눈부신 조명과 거기서 뿜어 나오는 열기 등 혼란스런 환경을 가능하면 무시하고 진행자의 질문과 자신의 답변에만 집중하는 것이 좋다.

TV 인터뷰 경험이 전혀 없는 사람은 이에 따르는 스트레스를 짐작하지 못하고 종종 과소평가하곤 한다. 많은 사람들이 텔레비전에 출연해 잘하는 모습을 보면서 나도 할 수 있으려니 생각하는 것이다. 그러나 많은 사람들이 텔레비전에 비친 자신의 모습을 보고 실망해 다시는 텔레비전 출연을 않겠다고 생각한다. 즉 말을 더듬거리며 실수하든가 얼굴이나 입 주위에 경련이 일어나는 것을 보게 되기 때문이다. 그만큼 과도한 스트레스를 받고 있다는 말이다.

미인 선발대회나 가요제 등의 특집 프로는 세종문화회관 같은 큰 무대를 빌린다. 사회자와 출연자가 무대 뒤에서 등장하게 되는데 내려오는 계단이 나무 세트로 만들어져 폭도 좁고 이음새가 거칠어 자칫 넘어지기 쉽다. 무대에서의 워킹 강의를 들은 수습 아나운서가 혼자 방송국 비상계단에서 연습을 했다. 눈은 정면을 보며 어깨를 펴고 몸을 약간 옆으로 돌려 걸어 내려오는데 그만 힐이 걸려 계단에서 구르고 말았다. 다행히 시퍼렇게 멍만 들고 심하게 다치진 않았는데 희한하게도 멍이 든 자리에만 털이 나 동료들의 놀림감이 되었다고 한다.

최상의 토크쇼는 TV 토론

19장 말 교통정리하기
20장 말, 말, 말하는 사람들

19장 말 교통정리하기

토론 프로그램은 최상의 텔레비전 토크쇼라고 할 수 있다. 일반적으로 토크쇼가 연예가의 화제나 유명인의 신변잡기, 가족 문제, 인생 상담, 개인체험 등을 주제로 한다면 토론 프로그램은 주로 정치·사회·문화의 주요 쟁점(hot issue)이 되는 주제들을 다룬다고 볼 수 있다. TV 토론은 국민적 관심사로 대두되는 이슈를 주제로 삼아 학자 등 전문가들이나 관련 당사자들을 한자리에 모아 찬반양론의 의견 개진과 주장을 펼친다. 또 방청객의 직접 질문이나 시청자의 전화 인터뷰 등을 통해 국민들을 공공의 장으로 이끌어내고, 그럼으로써 여론을 형성하고 움직이는 데 중요한 역할을 한다.

일반적으로 방송토론을 하기 위해서는 논제와 토론자, 사회자, 방청객(청중), 그리고 규칙의 요소가 필요하다. 대부분 토론 주제는 토론을 주관하는 방송사가 선정한다. 토론자의 수는 의견을 달리하는 양측의 대표자 수를 동등하게 한다. 이 같은 토론의 구성요소를 볼 때 한때 전국적으로 화제가 되었던 <대통령과 평검사들의 토론>은 진정한 의미의 토론이 아니었다는 지적이 있었다.[45] 우선 사회자 없이 토론 참석자인 노무현 대통령이 사회를 겸했다는 점이다. 사회자는 토론 참

---

45) "토론의 달인 만들기, 연세대 '100분 토크쇼 강좌'", ≪동아일보≫ 2003. 4. 17. 참조.

석자들의 찬반 의견이 적절히 섞일 수 있도록 조율하는 역할을 하므로 토론에는 꼭 있어야 하는 존재이다. 또 좌석 배치도 적절치 않았다. 대통령이 가운데 앉고 검사들이 양쪽으로 길게 늘어앉은 것은 회의실의 모습이지 토론장의 좌석 배치로선 부적절했던 것이다. 즉 상반된 의견을 갖고 있는 토론자들로서 동등한 위치가 아니었다고 볼 수 있다. 연세대 김형철 교수는 양측의 토론 참가자 수에도 문제가 있었다고 지적했다. 대통령과 강금실 법무부장관이 한편에 서고 검사 측 10명이 반대편에 섰는데 이럴 경우 통상 인원이 많은 쪽이 지게 된다고 한다. 실시간으로 의견을 조율하는 데 있어 수가 많은 쪽이 상대적으로 불리하기 때문이라는 것이다.

흔히 토론 프로그램은 찬반 대립이 분명하고 언쟁이 벌어지는 등 활발하게 진행되어야 좋게 평가된다. 그러나 심할 경우 감정 싸움으로 치달아 상대를 비난하고 깔아뭉개려는 위태로운 분위기가 되기도 한다. 개중에는 이런 장면을 즐기는 사람도 있지만 거부감을 느끼는 사람이 많고 올바른 토론법도 아니다. 자칫 토론장이 아수라장이 될 수 있는 그 같은 상황을 교통정리해야 할 사람이 바로 토론의 사회자이다.

방송토론에서 사회자의 역할은 매우 중요하다. 찬반 의견이 팽팽하게 맞설 때 사회자의 균형감각과 조정자 역할이 더욱 필요하다. 방송토론 프로그램은 진지한 대화보다는 강한 자기주장과 상대방을 압도하는 발언들이 선호되는 경향이 있다. 또한 남의 의견을 존중하고 배려하기보다 악착같이 발언권을 차지하려는 사람들이 있다. 실제로 TV에 얼굴을 자주 비치고 방송이 익숙하다 싶으면 다른 사람보다 더 많이 발언을 하려 하고 자기가 중심이 되어서 토론을 이끌어가려 한다. 매체의 특성상 그런 사람이 수사학적인 언변에 능하고 그럴듯한 논증에 외모까지 반듯하면 인기는 물론이고 토론도 우세해보인다. 그러나 그렇게 독주하는 사람이 있으면 다른 토론자들은 상대적으로 피해를 보게 된다. 상대방이 말을 하도록 배려하거나 다른 사람들이 중간에 끼어도 양보하고 귀를 기울여주는 사람들은 자칫하면 발언할 기회를 거의 얻지 못한다. 실제의 능력과는 무관하게 방송토론 환경에 익숙지 않다거나 토론 스타일이 맞지 않을 경우 토론 내내 몇 마디 말도 못하고 끝나는 경우도 많다. 이것 또한 사회자가 역할을 충분히 하지 못한 때문이다. 절대적으로 토론에서 사회자는 어느 한 사람이 독주하지 못하도록 조정해야 한다.

지금은 종영된 KBS 토론 프로그램의 한 사회자는 오랜 경력으로 노련하게 토론을 통제하는 능력을 잘 발휘하는 인물이었다. 그러나 능숙함이 지나쳐 토론자를 무시하는 경우가 종종 있었다. 방송 경험이 많지 않은 출연자의 말을 중간에 뚝 끊어버리고 사회자로서 공손함이 결여된 태도를 보였고, 유독 특정인에게만 발언기회가 치우치도록 해 공평한 기회배분의 역할을 상실하기도 했다. 방송환경에 익숙한 출연자라면 사회자의 부당한 태도에 강하게 항변하며 자기 발언을 끝까지 하겠지만, 방송출연 경험이 많지 않은 토론자라면 발언 중간에 제지당하고 나서 머쓱하고 불쾌한 느낌을 경험하지 않을 수 없었을 것이다. 그런 대접을 받고 다음에 또 출연섭외를 수락할 사람은 없다.

토론 프로그램 사회자로서의 역할과 자질은 일반 토크쇼 사회자와는 다르게 더 까다롭게 요구된다. 사회자가 토론주제와 관련된 분야의 전문가일 필요는 없지만 주제에 대해 분석하고 검토하여 충분히 파악하고 있어야 한다. 사회자는 객관적으로 사고하고 지식을 과시하려 들지 않으며 되도록 개인의 의견을 드러내는 일이 없어야 한다. 편파적인 태도를 보이지 말아야 하며 토론자가 상대방의 인신공격이나 비방성 발언을 할 때는 중단시켜야 옳다. 시간 제한 규칙을 어기거나 토론자들이 서로 발언하려고 해 말이 물릴 때 이를 제지하고 교통정리를 해야 한다. 앞서 지적했듯이 토론자의 발언 기회와 시간을 균등하게 배분한다. 토론 과정에서 적절한 시점에 적절한 의견이 나오거나 중요한 사항이 지적될 수 있도록 유도해야 한다. 발언 내용이 상대 측이나 방청객에 잘 전달되지 않을 때는 중간에서 다시 핵심을 짚어주고 토론자의 발언이 끝날 때마다 간단한 요약과 질문으로 진행을 원만히 한다. 토론자의 발언이 길어져 사회자가 몇 번 제지를 하는데도 이를 무시하고 계속 발언을 할 경우 단호하게 통제해야 한다. 그러지 않고 사회자가 우유부단하게 질질 끌려가는 인상을 주면 사회자로서의 역할과 믿음을 상실하게 된다. 마찬가지로 방청객이나 전화를 통한 시청자의 의견이 장황하다 싶을 때도 정중하지만 확실하게 말을 중단시킨다. 토론이 끝나면 토론 내용을 정리하되 결론이 없는 경우 문제점을 다시 한번 지적하면서 토론을 마친다. 토론 결과에 대한 평가는 시청자들의 몫이다. 사회자가 평가를 내리는 발언을 해선 안 된다. 사회자의 사적인 의견을 담은 말 한마디가 시청자에게 주는 영향이 크기 때문이다. 미국 토론 프로그램의 대표적인 사회자 래리 킹은 특히 정치적인 문제에 있어서 항상 중도적이고 중립적인 접근방식을 택하며, 이것은 정치적 견해가 다른 광범위한 시청자에게 호소하기 위한 것이라고 말한다.

대개의 경우 토론 프로그램은 생방송으로 진행된다. 아무리 사전에 리허설 등 준비를 철저히 한다고 해도 생방송에서 어떤 돌발 상황이 생길지 항상 대비하지 않으면 안 된다. 따라서 프로그램을 이끌어가는 사회자의 임기응변과 신속한 대응능력이 필요하다. 얼마 전 MBC의 한 토론 프로그램에서는 양쪽 패널들의 공방이 격렬해지면서 방청석에 앉아 있던 한쪽 지지자가 흥분해 갑작스레 세트 중앙으로 튀어나오는 돌발 상황이 발생했다. 그때 사회자가 재빠른 동작으로 그 사람을 제지하고 상황을 수습하는 광경을 많은 시청자들이 지켜볼 수 있었다.

전문방송인이 아닌 사람이 사회를 볼 경우 큐 시트와 다른 상황이 발생했을 때 애드립이 다소 약한 경향을 보인다. 지난 16대 대선의 TV 토론 방식에서 문제점으로 지적된 것 중의 하나도 TV 토론 사회를 맡아본 경험이 없는 교수를 사회자로 선정한 점이다. TV 토론 사회자는 전문지식이 있다고 해서 자격을 갖춘 것은 아니다. TV 토론 사회자는 카메라 샷을 비롯해 TV 토론의 메커니즘에 익숙하고, 사회자로서의 카리스마를 갖춰 후보자들의 작전과 의도에 휩쓸리지 않아야 한다. 또한 유권자들이 후보의 자질과 능력을 평가할 수 있는 필요한 정보를 제공하면서 인물 됨됨이를 판단할 수 있도록 후보들의 면면을 들춰주며 토론을 이끌어가야 한다. 미국이나 독일에는 방송 앵커나 기자가 TV 토론 사회자를 맡는 것이 관례라고 한다. 요즘도 학자나 시사평론가들이 토론 프로그램의 사회를 맡는 경우가 많다. 카메라를 의식할 필요가 없는 토론자들과는 달리 사회자는 시청자들과 직접 대화를 하는 사람임에도 카메라를 향한 시선처리가 미숙하고 정선된 어휘를 사용하지 못하는 경우도 있다. 어떤 사회자는 가운데 앉아 양쪽을 고루 배려하려는 뜻인지 지나치게 자주 번갈아 시선을 옮기는 바람에 그것을 보는 시청자의 눈을 어지럽게 만들기도 한다.

대부분의 토론 프로그램 사회자들은 지적이고 냉철한 이미지가 지나쳐 눈빛이 너무 공격적이고 차갑다는 느낌을 준다. 특히 일부 여성 사회자의 경우 몸은 그대로 두고 고개만 살짝 돌려 토론자를 째려보는 듯한 시선을 보내기도 한다. 그래야 더 권위 있게 토론을 진행해나갈 수 있다고 생각한다면 잘못된 것이고 좋지 않은 습관이다. 토론자의 발언 한마디 한마디를 성의 있게 들어주는 자세를 보여야 토론자가 사회자를 신뢰하는 마음으로 편안하고 자신 있게 의견을 밝힐 수 있다. 일일이 "아하", "음", "네" 등의 반응을 보이진 않더라도 고개를 끄덕이거나 관심을 기울이는 표정으로써 토론자를 격려할 수 있을 것이다. 토론 사회자들의 차가운 이미지에 식상한 때문이었는지 지난 대선후보 TV 토론의 사회를 맡은 모 교수의 경우 선한 외모와 편안한 이미지에 약간은 어눌하기까지 한 말투로 뛰어난 진행은 아니었음에도 큰 인기를 모았다.

   논쟁이 격해 토론 분위기가 험악해진다거나 반대로 토론이 활기를 잃고 너무 가라앉을 경우 분위기를 전환시키는 사회자의 능력이 필요하다. 가벼운 유머로 토론자들의 격한 감정을 가라앉힐 수 있어야 하고, 싸움을 약간 부채질해 방청객의 호응도 끌어내면서 토론 프로그램의 묘미와 활기를 되살리는 기술이 필요하다. 토론 프로그램이라고 반드시 시종일관 진지하고 딱딱해야 한다는 것은 잘못된 생각이다.

20장 말, 말, 말하는 사람들

　방송토론은 제한된 시간에 말로써 시청자들에게 호소하는 것이기 때문에 특별히 말하는 준비가 필요하다. 일반 토론이 회의실이나 공공장소에서 이루어지는 데 반해 방송토론은 스튜디오라는 특수 환경에서 이루어지는 것이므로 주위의 분위기에 익숙한 사람이 유리하다. 여러 대의 카메라와 눈부신 조명, 마이크, 방청객은 소수지만 TV 앞에 앉아 있을 헤아릴 수 없이 많은 시청자의 눈과 귀를 의식하지 않으면서 주어진 제한된 시간에 소신껏 자기 주장을 펴기란 쉽지 않다.

　토론자는 자기 주장을 뒷받침하기 위해 통계 자료나 기사 등 증거를 수집하여 정리한다. 또한 주장을 명확히 논리적으로 표현할 수 있는 여러 가지 논법을 연구한다. 이런 준비는 충분한 시간을 갖고 해야 성공적인 토론을 할 수 있다. 토론의 핵심은 우선 상대방의 주장을 논리적으로 반박하고 자기 주장의 정당성을 입증하는 것이다. 그러나 상대의 주장을 반박하기에 앞서 상대방 주장의 근거가 되는 사실이나 논거를 일단 인정하는 자세가 필요하다. 상대방의 의견을 존중하면서 상대방이 제시한 논거나 주장에 대해 여러 각도에서 문제점을 제기하고 거기에 드러난 모순과 오류를 지적한다. 단, 단순히 말꼬리를 잡거나 무조건 공격적이어선 안 된다. 자기의 주장을 피력함에 있어서도 분명한 사실과 탄탄한 논거로 일관성 있게 주장한다. 간결하고 분명한 주장이 설득력이 있다.

토론의 달인 소크라테스

자동차 접촉사고가 났을 때 무조건 목청 큰 사람이 이긴다고 하듯 토론에서도 차분히 할 수 있는 말에 목청을 키우는 사람이 있다. 연세대 김형철 교수는 "토론에서 목소리를 자주 높이는 사람은 그렇게 함으로써 상대방을 압도했다고 여기지만, 만약 상대방이 논리적으로 조목조목 받아친다면 물리적인 압도는 무의미하다"라고 말한다.[46] 그는 역사상 최고의 '토론의 달인'으로 소크라테스를 꼽았다. 자신의 주장을 상대방에게 설득시키려 하기보다는 끊임없는 문답을 통해 상대방으로 하여금 스스로 무지를 깨닫게 하는 소크라테스의 '산파술'이야말로 최고의 토론 기술이라고 말한다.

토론은 어느쪽이 옳고 어느쪽이 그르다는 시비를 가리는 것이 아니지만 토론을 하면서 어느 만큼 날카로운 질문으로 상대의 허를 찌르고 설득력 있는 답변으로 상대를 주저앉히느냐에 따라 토론을 잘하고 못하고 하는 평가가 갈릴 수 있다. 자기의 주장을 효과적으로 제시하기 위해서는 우선 분명하고 힘 있는 목소리로 말한다. 또 간략하고 분명하게 질문을 한다. 상대방에게 제기할 질문 리스트를 작성하되 분명하고 핵심적인 질문을 중심으로 토론을 시청하는 시청자들이 궁금해 할 질문, 가려운 곳을 긁어줄 내용을 준비한다. 이와 함께 상대방으로부터 받게 될 예상 질문의 리스트도 만든다. 질문을 할 때는 길고 복잡

---

46) 앞의 글, 《동아일보》 2003. 4. 17. 참조.

한 질문을 삼간다. 시청자마저 혼란에 빠뜨릴 수 있기 때문이다. 상대방이 자신 있게 대답할 것으로 예상되는 질문은 오히려 상대방이 자기 주장을 옹호할 기회를 주는 셈이므로 피하는 게 좋다. 상대방에게 간단하고 짧은 답을 요구하며 답변이 길어질 경우 끊는다. 마찬가지로 질문을 받아 대답을 할 때는 장황하지 않게 간결하고 분명하게 답한다. 답변이 장황하면 궁색한 변명으로 들릴 수 있다. 답변의 방향을 유도하는 듯한 질문이나 불합리한 질문에는 굳이 대답할 필요가 없다. 또 확신 없는 모호한 대답은 하지 않은 것만 못할 수 있다. 괜한 말꼬리를 잡히는 것보다 더러는 수긍하거나 양보하는 자세를 보이는 것이 좋다.

언어

앞에서도 누차 강조해왔지만 방송에서는 가능하면 표준어를 사용하는 것이 바람직하다. 사투리가 아니더라도 주의 깊게 살펴보면 평소 습관적으로 쓰는 말들이 있으며 방송에서는 부적합할 경우가 있다. 출연자뿐 아니라 요즘은 사회자도 전문 방송인이 아닌 외부 전문가를 사회자로 영입하는 예가 많기 때문에 사투리를 쓰거나 비표준어를 사용하는 경우가 흔하다. 사투리를 갑작스럽게 고치는 것은 무리겠지만 적어도 사회자만큼은 가능한 한 표준어를 사용하도록 해야 한다.

방송은 그 대상이 광범위하다. 의학이든 법률 관계든 모든 사람이 쉽게 알아들을 수 있게 설명해야지 습관적인 전문용어를 사용하는 것은 좋지 않다. 일반적으로 방송의 지적 수준은 중학생 정도의 눈높이에 맞추는 것이 적당하다고 한다. 따라서 문장 길이는 짧게 하고 어려운 용어는 가급적 쉽게 고쳐 이해시켜야 한다. 전문용어와 외국어를 남발하는 것은 잘난 척하는 것으로 비칠 수 있고 거부감을 일으킬 수 있다. 필자가 아는 한 정치학자는 평소에도 글이나 강의가 다소 난해한 편인데 방송에 출연해서도 역시 전문적인 학술용어와 복잡한 논법을 사용해 주위 사람들로부터 무슨 말인지 이해하기가 어렵다는 피드백을 받곤 한다. 방송에 자주 등장하는 전문가들은 제작진들이 그만큼 선호한다는 말이 되는데, 그 이유를 살펴보면 언변이 좋은 때문도 있지만 상대적으로 시청자가 쉽게 이해할 수 있는 쉬운 말을 사용하고 있다는 것을 알 수 있다. 흔히 의사들이 암호 같은 전문 의학용어로 처방전을 써 일반인들이 해독할 수 없게 하는 데 대한 비판여론이 있어왔던 것처럼 법률가나 학자들은 난해한 전문용어를 자주 사용함으로써 권위를 드러내고자 하는 면이 없지 않은 것 같다. 물론 이에 대한 자성의 목소리도 있긴 하지만 특히 방송에 출연하는 전문가들은 주의해야 할 일이다.

태도

카메라 앞이라고 긴장하면 하려던 말도 생각이 나질 않는다. 긴장을 풀고 평소처럼 자연스럽게 움직인다. 토론 프로그램에서는 탁자를 앞에 두고 의자에 앉게 되는데 너무 깊숙이 앉거나 탁자에 너무 바싹 붙어앉지 않는다. 다리를 벌리고 앉거나 다리를 꼬는 것도 좋지 않다. 탁자에 팔꿈치를 걸치거나 턱을 괴는 자세도 눈에 거슬린다. 탁자 아래에서 다리를 달달 떠는 모습도 무척 긴장해 보이거나 경망스럽다. 의자에 비스듬히 앉는 거만한 모습이나 회전의자를 좌우로 흔들기, 손가락을 꼼지락거리기, 다른 사람이 말하는 것을 경청하지 않고 주변을 두리번거리거나 자기 원고만 체크하느라 종이를 자주 만지작거리는 것도 산만해 보인다. 발언을 하는 동안 시선은 사회자나 맞은편에 앉은 사람을 번갈아 쳐다보는 것이 좋다. 스튜디오 천장을 올려다보거나 고개를 억지로 옆으로 돌려 방청객을 쳐다볼 필요가 없다. 시선을 너무 밑으로 떨어뜨리는 것도 눈길을 피하는 듯해 자신감이 없어 보인다. 국회의원 Y 씨는 자리가 불편한지 연방 고쳐 앉으려는 듯 몸을 움찔거려서 보는 사람도 공연히 불편함을 느끼게 한다. 또 K 모 의원은 평소에도 얼굴을 많이 찌푸리는 편인데 시청자들은 은연중에 감정이입이 되기 때문에 보고 있는 동안 같이 찌푸리게 된다.

격한 토론이 벌어져 공격을 받더라도 흥분하기보다 차분하게 대응하는 모습이 좋다. 흥분하면 말이 빨라지고 더듬게 되며 목에 핏대가 서고 입에서 침이 튀는 모습이 잡히기도 한다. 침착한 태도로 말하고 감정에 휩쓸리지 말아야 한다. 흥분해서 큰 소리를 치는 사람일수록 논지가 약해 보인다.

상대방의 발언을 경청하는 자세를 보이는 것이 좋다. 상대에게 비아냥거리거나 상대의 말을 중간에 뚝 끊고 손을 내저으며 부정하는 시늉은 예의에 어긋난 행동이다. 과시욕과 승부욕으로 남을 묵살하는 것은 결코 돋보이는 일이 아니다. "토론은 상대방이 무슨 얘기를 하는지 빨리 알아채는 게임이므로 흥분해서 상대방의 말을 놓친다든지 중간에 말을 끊는 것은 오히려 자신에게 불리하다"라고 앞의 김형철 교수는 지적한다.[47] 조리 있게 자기 주장을 펴면서 상대를 배려하고 겸손해 보이는 것이 바람직하다. 토론 과정에서 논제와 무관하게 인신공격을 한다거나 상대방의 말을 트집 잡고 상대방 논리를 웃음거리로

---

47) 앞의 글, 《동아일보》 2003. 4. 17. 참조.

만들어 토론을 유리하게 끌어가려 해서도 안 된다.

　가장 기본적인 것이지만 효율적인 진행을 위해 시간 제약이라는 규칙이 정해지면 토론참여자들은 이 규칙을 지켜야 한다. 정해진 발언시간을 무시하거나 발언을 독점하려 해서는 안 된다. 과거 대선 때마다 각 방송사들의 후보토론회에서 발언시간 초과를 알리는 경고음에도 아랑곳하지 않고 끝까지 버티다 마이크가 꺼져 입만 뻐끔대는 모습을 볼 수 있었다. 또 사회자가 간곡하게 중단해줄 것을 요청하는 데도, 특히 정치인들의 경우 권위를 내세우듯 시간을 빼앗는다. 모두 꼴불견이라고 할 수 있다.

의상

　토론 프로그램의 성격상 단정하고 청결해 보이는 것이 좋다. 남자들의 경우에는 특히 넥타이의 색상과 무늬가 카메라나 조명에 적합한지 주의해야 한다. 말할 때 습관적으로 양쪽 입가에 침이 고여 과히 깨끗지 못한 인상을 주는 사람이 있는데 그럴수록 침이 괴지 않게 호흡을 조절하며 말을 하도록 한다. 앉은 자세에서 양복 단추를 풀어놓으면 넥타이가 한쪽으로 쏠리고 단정해보이지 않는다. 단추 하나 정도만 잠그고 양복 아랫부분을 엉덩이로 약간 깔고 앉아 양복이 반듯해 보이도록 한다. 토론 프로그램이 심야시간에 편성된 경우 턱수염을 깎아 깔끔해 보이게 한다.

참고문헌

강준만. 2000, 『이미지와의 전쟁』, 개마고원.
구현정. 1997, 『대화의 기법』, 한국문화사.
김경해. 1999, 『생생한 PR 현장이야기』, 매일경제신문사.
김기도. 1987, 『정치커뮤니케이션 실제: 텔레비전과 이미지, 그리고 선거』, 나남출판.
_____. 2003, 『미디어선거와 마케팅 전략』, 나남출판.
김기배. 2002, 『디지털영상론』, 한명.
김상준. 1992, 『방송언어연구』, 홍원.
_____. 1997, 『방송언어연구』, 커뮤니케이션북스.
김영순. 2001, 『신체언어 커뮤니케이션의 기호학』, 커뮤니케이션북스.
김원용. 1993, 『방송보도론』, 나남출판.
김창남. 2000, 『현대 선거정치캠페인론』, 나남출판.
김택환 외. 1994, 『취재와 보도』, 한국언론연구원.
김환열. 2000, 『TV 토론의 이해』, 커뮤니케이션북스.
로버트 치알디니 저. 2002, 『설득의 심리학』(이현우 역), 21세기북스.
박갑수. 1989, 「방송언어의 오용 사례」, 아나운서 방송교본, 한국방송공사.
_____. 1996, 『한국방송언어론』, 집문당.
백선기. 1995, 「한국정치와 인맥주의」, 임태섭(편저), 『정, 체면, 연줄, 그리고 한국인의 인간관계』, 한나래.
부경희. 1995, 「TV 뉴스 보도의 국제비교연구」, 연구보고95-10, 한국방송개발원.
비올라 팔켄베르크 저, 2001, 『인터뷰이를 위한 인터뷰의 이론과 실제』(이현표 역), 커뮤니케이션북스.
서재원. 1992, 『뉴스 문장의 이해와 음성 표현』, 아나운서 교본, KBS문화사업단.
이상철. 2001, 스피치 커뮤니케이션 강의교재, 경희대 언론정보대학원.

이응백. 1979, 「방송말과 국민의 언어생활」, 방송말의 정화, 한국방송윤리위원회.
이정숙. 1998, 『준비된 말이 성공을 부른다』, 가야미디어.
이주행. 1999, 『방송화법』, 역락.
임태섭. 1996, 『스피치 커뮤니케이션』, 연암사.
전영우. 1997, 『대화의 미학』, 집문당.
전원경. "왜 스트라이프 넥타이인가", ≪주간동아≫ 364호, 2002. 12. 19.
제임스 흄스 저. 2003, 『링컨처럼 서서 처칠처럼 말하라』(이채진 역), 시아출판사.
지니 그래험 스콧 저. 2002, 『토크쇼, 그 힘과 영향』(김숙현 역), 커뮤니케이션북스.
최윤희. 1999, 『비언어 커뮤니케이션』, 커뮤니케이션북스.
최한수. 1999, 『TV는 스포츠로 먹고 산다』, 법원사.
_____. 2000, 『해외보도다큐 실제』, 보덱스.
탁진영. 1995, 「정치광고의 비언어적 측면에 대한 문화간 비교연구」, 『언론정보연구』 32호.
_____. 1998, 『정치광고의 이해와 활용』, 커뮤니케이션북스.
한국방송공사 아나운서실. 1995, 『길라잡이 KBS 한국어』, 한국방송공사.
한국언론연구원. 1996, 『인터뷰 전문가 19인이 밝히는 인터뷰 기법』.
한범석. 1995, 「이미지 메이킹과 의상(방송제작의 노하우)」, ≪방송정보≫ 44호.
한정호. 1997, 「대통령 선거와 TV정치광고」, ≪저널리즘비평≫ 22권.

≪국민일보≫. "2002년 대선 후보 이미지 메이킹/'빅3' 전략 집중탐구", 2002. 10. 14.
≪동아일보≫. "뉴스언어 문제 많다", 2003. 9. 3.
_____. "리더십 다면평가—성공하는 리더들의 '5가지 습관'", 2002. 3. 29.
_____. "세상 바꾼 리더들의 남다른 화법", 2003. 10. 18.
_____. "토론의 달인 만들기 연세대 '100분 토크쇼 강좌'", 2003. 4. 17.
≪조선일보≫. "이미지조사 결과 총평", 1997. 11.
≪조선일보≫·한국갤럽여론조사. "국내 언론사 첫 대선 예비주자 11명 이미지 조사", ≪조선일보≫ 2002. 3. 5.
≪중앙일보≫. "대선주자 '빅3' 탐구 3, "화법과 유머", 2002. 11. 4.

_____. "패션으로 국민의 마음을 잡는다", 2003. 2. 20.

_____. 김택환의 미디어 세상, "국민 눈·귀 쏠린 TV 토론 사회자·진행방식 바꿔보자", 2002. 12. 4.

Bradley, B. E. 1991, *Fundamentals of Speech Communication: The Credibility of Ideas*, Dubuque, Iowa: Brown Publishers.

Cohen, Akiba A. 1987, *The Television News Interview*, Newbury Park, Calif: SagePublications.

Esposito, Janet E. 2000, *In the Spotlight*, Strong Books-Publishing Directions, LLC.

King, Larry. 1994, *How to Talk to Anyone, Anytime, Anywhere*, Three Rivers Press.

McCoy, Michelle. 2000, *Sound and Look Professional on Television and the Internet*, Bonus Books Inc., Chicago.

Reese, David E., Mary E. Beadle and Alan R. Stephenson. 2000, *Broadcast Announcingworktext*, Butterworth-Heinemann.

Rogers, Natalie H. 2002, *The New Talk Power*, Capital Books Inc.

저자 약력

이미영

한국외국어대학교, 서강대학교 언론대학원 졸업
· MBC 아나운서
  <9시뉴스센터>, <0시 뉴스>, <MBC 생활뉴스>, <서울 국제가요제>, <대종상 시상식>, <출발새아침>, <미주 문학기행> 등 프로그램 진행
· 프리랜서 방송 및 강의
  <아카데미 시상식> 한국생방송, <EBS 문화강좌> 등 진행
KM아카데미 전임 교수 역임
15대 대선 후보 TV 연설 자문팀, 정당 부대변인 역임
현재 프로덕션 Nutcast 이사

TV 출연을 위한 이미지 메이킹

ⓒ 이미영, 2004

지은이 | 이미영
펴낸이 | 김종수
펴낸곳 | 서울출판미디어

편집책임 | 고경대
편집 | 서영의

초판 1쇄 인쇄 | 2004년 2월 10일
초판 1쇄 발행 | 2004년 2월 20일

주소 | 413-832 파주시 교하읍 문발리 507-2(본사)
       121-801 서울시 마포구 공덕동 105-90 서울빌딩 3층(서울 사무소)
전화 | 영업 02-326-0095, 편집 02-336-6183
팩스 | 02-333-7543
홈페이지 | www.hanulbooks.co.kr
등록 | 2003년 12월 23일, 제406-2003-053호

Printed in Korea.
ISBN 89-7308-128-4 03070

* 가격은 겉표지에 있습니다.
** 서울출판미디어는 도서출판 한울의 자회사입니다.